Scoprire i Giochi Gratuiti Online

Disponibile Qui:

BestActivityBooks.com/FREEGAMES

5 CONSIGLI PER INIZIARE

1) COME RISOLVERE LE PAROLE INTRECCIATTE

I puzzle hanno un formato classico:

- Le parole sono nascoste senza spazi o trattini,...
- Orientamento: Le parole possono essere scritte in avanti, indietro, verso l'alto, verso il basso o in diagonale (possono essere invertite).
- Le parole possono sovrapporsi o intersecarsi.

2) APPRENDIMENTO ATTIVO

Accanto ad ogni parola c'è uno spazio per scrivere la traduzione. Per incoraggiare l'apprendimento attivo, un **DIZIONARIO** alla fine di questa edizione vi permetterà di controllare e ampliare le vostre conoscenze. Cerca e scrivi le traduzioni, trovale nel puzzle e aggiungile al tuo vocabolario!

3) SEGNARE LE PAROLE

Puoi inventare il tuo sistema di segni. Forse ne usi già uno? Per esempio, puoi segnare le parole difficili da trovare con una croce, le parole preferite con una stella, le parole nuove con un triangolo, le parole rare con un diamante, e così via.

4) STRUTTURARE L'APPRENDIMENTO

Questa edizione offre un **TACCUINO** alla fine del libro. In vacanza, in viaggio o a casa, puoi organizzare facilmente le tue nuove conoscenze senza bisogno di un secondo quaderno!

5) AVETE FINITO TUTTE LE GRIGLIE?

Nelle ultime pagine di questo libro, nella sezione della **SFIDA FINALE**, troverete un gioco gratuito!

Facile e veloce! Dai un'occhiata alla nostra collezione di libri di attività per il tuo prossimo momento di divertimento e **apprendimento,** a portata di clic!

Trova la tua prossima sfida su:

BestActivityBooks.com/MioProssimoLibro

Ai vostri posti, pronti...Via!

Sapevi che ci sono circa 7.000 lingue diverse nel mondo? Le parole sono preziose.

Amiamo le lingue e abbiamo lavorato duramente per creare libri di altissima qualità. I nostri ingredienti?

Una selezione di argomenti adatti all'apprendimento, tre buone porzioni di intrattenimento, una cucchiaiata di parole difficili e una spolverata di parole rare. Li serviamo con amore e entusiasmo in modo che tu possa risolvere i migliori giochi di parole e divertirti imparando!

La vostra opinione è essenziale. Puoi partecipare attivamente al successo di questo libro lasciandoci un commento. Ci piacerebbe sapere cosa ti è piaciuto di più di questa edizione.

Ecco un link veloce alla pagina dell'ordine:

BestBooksActivity.com/Recensione50

Grazie per il vostro aiuto e buon divertimento!

Tutta la squadra

1 - Scacchi

```
C H A M P I O N S C C P B R
S T O U R N O I U J T J L G
A D V E R S A I R E E O A P
C D T C E X T H U D M U N S
R I W K I M Y B H É P E C T
I A N C N A D D E F S U E R
F G I O E V P Y V I L R K A
I O K N I W O P A S S I F T
C N K C K R I Q R Y H A P É
E A C O N B N W O E J C F G
R L Z U X O T O B M N A N I
Q Y K R G W S I I U U D X E
R O I S R È G L E S Y L R Z
I N T E L L I G E N T O G E
```

ADVERSAIRE	APPRENDRE
BLANC	POINTS
CHAMPION	ROI
CONCOURS	REINE
DIAGONAL	RÈGLES
JOUEUR	SACRIFICE
JEU	DÉFIS
INTELLIGENT	STRATÉGIE
NOIR	TEMPS
PASSIF	TOURNOI

2 - Aggettivi #2

```
A  D  O  U  X  É  P  F  I  E  R  B  P  N
R  U  R  Z  Y  L  N  S  A  L  É  U  R  O
E  D  T  A  O  É  X  G  N  I  F  I  O  R
S  E  F  H  M  G  Y  Z  T  A  M  N  D  M
P  S  O  K  E  A  N  O  U  V  E  A  U  A
O  C  R  N  H  N  T  G  N  Z  M  T  C  L
N  R  T  C  A  T  T  I  A  Q  N  U  T  R
S  I  O  C  H  C  T  I  Q  P  G  R  I  R
A  P  U  R  P  É  J  S  Q  U  X  E  F  S
B  T  E  K  D  L  E  E  X  U  E  L  G  L
L  I  Y  G  R  È  C  C  F  S  E  T  P  S
E  F  N  G  D  B  Y  P  Q  A  X  V  M  K
A  Z  E  E  C  R  É  A  T  I  F  I  X  D
I  N  T  É  R  E  S  S  A  N  T  B  X  S
```

FAIM	INTÉRESSANT
SEC	NATUREL
AUTHENTIQUE	NORMAL
CRÉATIF	NOUVEAU
DESCRIPTIF	FIER
DOUX	PRODUCTIF
DRAMATIQUE	PUR
ÉLÉGANT	RESPONSABLE
CÉLÈBRE	SALÉ
FORT	SAIN

3 - Mobili

```
M I R O I R C H A I S E B A
H L I T J T A M W É O B I R
B A L E X A N C R T R V B M
A U M F W P A O U A E L L O
N Y B A V I P U O G I H I I
C D O U C S É S Q È L W O R
I X K T I Z X S W R L I T E
B U R E A U O I M E E R H Q
L U F U T O N N A S R I È O
F A K I V E L S T U Z D Q X
D V M L M G S L E O F E U Q
Y N K P Q J E M L H I A E L
W O S D E R A S A R D U A H
L Q B K S D W F S Y P X K C
```

HAMAC
ARMOIRE
COUSSINS
OREILLER
CANAPÉ
FUTON
LAMPE
LIT
BIBLIOTHÈQUE

MATELAS
BANC
FAUTEUIL
ÉTAGÈRES
BUREAU
CHAISE
MIROIR
TAPIS
RIDEAUX

4 - Pesca

```
L P E O D T K P A N I E R M
S E Z Q Z D G A O U H A F P
V E H B H S R T F I L U L É
Q C A M D Y F I I R D T E Q
M Â C H O I R E L E B S U U
A H R Y D Y B N W Z V H V I
A B O O Y R L C U I R E E P
P J C C S S I E C F A R E E
P E H É C P M F N R O Q X M
Â S E A D H L F L P N Q W E
T H T N L N N A S A I S O N
B A T E A U F L G Z C B R T
P X B R A N C H I E S Q A M
E X A G É R A T I O N O Z K
```

EAU
ÉQUIPEMENT
BATEAU
BRANCHIES
PANIER
CUIRE
EXAGÉRATION
APPÂT
FIL

FLEUVE
CROCHET
LAC
MÂCHOIRE
OCÉAN
PATIENCE
POIDS
PLAGE
SAISON

5 - Aggettivi #1

```
H  L  P  A  R  F  A  I  T  V  É  A  I  W
A  O  G  J  E  U  N  E  G  C  N  R  D  I
U  N  N  É  M  I  N  C  E  E  O  O  E  S
U  G  M  N  N  F  N  G  O  Y  R  M  N  M
L  J  L  O  Ê  É  G  P  C  L  M  A  T  J
G  R  A  N  D  T  R  N  B  E  E  T  I  A
E  L  C  N  Z  E  E  T  N  P  I  Q  B
X  W  T  P  A  M  R  U  U  T  R  Q  U  S
O  Z  I  S  C  H  Q  N  V  X  É  U  E  O
T  A  F  O  K  R  I  E  E  E  C  E  L  L
I  A  M  B  I  T  I  E  U  X  I  Z  O  U
Q  I  M  P  O  R  T  A  N  T  E  R  U  Z
U  Z  A  R  T  I  S  T  I  Q  U  E  R  L
E  O  X  Y  C  E  K  X  U  N  X  Q  D  O
```

AMBITIEUX
AROMATIQUE
ARTISTIQUE
ABSOLU
ACTIF
ÉNORME
EXOTIQUE
GÉNÉREUX
JEUNE
GRAND

IDENTIQUE
IMPORTANT
LENT
LONG
MODERNE
HONNÊTE
PARFAIT
LOURD
PRÉCIEUX
MINCE

6 - Geologia

```
T L B X C A L C I U M Q C V
C O N T I N E N T R I U R O
F B C O U C H E Q A Z A I L
G J Z N D A I G F B G R S C
E S Q G Q C Q D Y P X T T A
Y E H V B I I H G M G Z A N
S L A V E D M I N É R A U X
E V Y G R E D A A H L T X F
R C M P L A T E A U O X Y O
Z C O C A V E R N E S T A S
O L É R O S I O N G X C H S
N C S T A L A G M I T E S I
E G S K V I P I E R R E Q L
H Z E S T A L A C T I T E E
```

ACIDE
PLATEAU
CALCIUM
CAVERNE
CONTINENT
CORAIL
CRISTAUX
ÉROSION
FOSSILE
GEYSER

LAVE
MINÉRAUX
PIERRE
QUARTZ
SEL
STALAGMITES
STALACTITE
COUCHE
VOLCAN
ZONE

7 - Campeggio

```
G P P B L O M A N I M A U X
P M L S M C O M Y W K D I F
J B F A X A N U C A B I N E
H A M A C R T S A X B C L P
L E V G W T A E N L O H U D
N G W E U E G M O A U A N F
Z D W Q N I N E Ë C S P E E
I N S E C T E N H H S E S N
W A X G M E U T J A O A X A
W W R P B N K R M S L U V T
O C T B M T L D E S E U Q U
J P R W R E N F H E X F F R
C O R D E E Z E F O R Ê T E
X H C P Q J S U O E Y H G R
```

ARBRES

HAMAC

ANIMAUX

AVENTURE

BOUSSOLE

CABINE

CHASSE

CANOË

CHAPEAU

CORDE

AMUSEMENT

FORÊT

FEU

INSECTE

LAC

LUNE

CARTE

MONTAGNE

NATURE

TENTE

8 - Arti Visive

```
P E R S P E C T I V E S P P
P O C H O I R Q D Y Z C K H
R C A Z C C I R E A H U J O
C H E F D Œ U V R E A L C T
C A C R A I E G L F R P R O
H R A R T I S T E I G T A G
E B É V E R N I S L I U Y R
V O F A O U W C B M L R O A
A N R N T P Z L H G E E N P
L A R C H I T E C T U R E H
E W M D R O V G V S X W J I
T C O M P O S I T I O N U E
P O R T R A I T T S T Y L O
C É R A M I Q U E É Y S O M
```

ARCHITECTURE
ARGILE
ARTISTE
CHEF-D'ŒUVRE
CHARBON
CHEVALET
CIRE
CÉRAMIQUE
COMPOSITION
CRÉATIVITÉ

FILM
PHOTOGRAPHIE
CRAIE
CRAYON
STYLO
PERSPECTIVE
PORTRAIT
SCULPTURE
POCHOIR
VERNIS

9 - Esplorazione

```
I E S D P I K L D V C C N É
Z V A A É N F A R O O U O P
A Z U N R C E N G Y U L U U
G Q V G I O O G O A R T V I
D P A E L N D U J G A U E S
Q Q G R L N Z E V E G R A E
F U E S E U R U P E E E U M
I Z Ê S U G X B E S R S P E
U L D T X Z V F F P Z T M N
Z E Z M E A N I M A U X E T
T E R R A I N L R C F N A T
A C T I V I T É E E M O K S
P B H X E X C I T A T I O N
D É T E R M I N A T I O N X
```

ANIMAUX
ACTIVITÉ
COURAGE
CULTURES
DÉTERMINATION
EXCITATION
ÉPUISEMENT
LANGUE
NOUVEAU

DANGERS
PÉRILLEUX
QUÊTE
INCONNU
DÉCOUVERTE
SAUVAGE
ESPACE
TERRAIN
VOYAGE

10 - Tempo

```
J A U J O U R D H U I D G H
E O H I E R O T M R N H B O
Z Q U V R U R P P K U Q I R
B O J R S W S E M A I N E L
X R D A N N U E L S E M N O
C P É N M E P D F L J C T G
S N C N U M Q P H L M M Ô E
T A E É S I È C L E C I T T
R L N E B N T U G Z A D B F
X F N T F U T U R C H I L Q
H S I E H T I D N M A T I N
G H E U R E P C B P O N W F
A V A N T S A P R È S I O S
C A L E N D R I E R I C S K
```

ANNÉE
ANNUEL
CALENDRIER
DÉCENNIE
APRÈS
FUTUR
JOUR
HIER
MATIN
MOIS

MIDI
MINUTE
NUIT
AUJOURD'HUI
HEURE
HORLOGE
BIENTÔT
AVANT
SIÈCLE
SEMAINE

11 - Astronomia

```
V O S C R S F Z Z X J E N G
W B U O A S T R O N O M E A
M S P S D V J Q M C J M J L
A E E M I F G R A V I T É A
P R R O A P L A N È T E I X
H V N S T U N I V E R S L I
L A O P I T F D I V A C Y E
U T V N O E I U P O G N C S
N O A Y N R Z Q S H J K G Q
E I G O M R M É T É O R E U
Y R T É L E S C O P E N C F
B E T P N É B U L E U S E C
É Q U I N O X E C H A J B H
A S T R O N A U T E L L Y N
```

ASTRONAUTE
ASTRONOME
CIEL
COSMOS
ÉQUINOXE
GALAXIE
GRAVITÉ
LUNE
MÉTÉORE

NÉBULEUSE
OBSERVATOIRE
PLANÈTE
RADIATION
FUSÉE
SUPERNOVA
TÉLESCOPE
TERRE
UNIVERS

12 - Circo

```
M U S I Q U E M C O F O É S
B O N B O N P A R A D E L P
I K S K J O N G L E U R É E
A N I M A U X I X D L E P C
R H K M F L T C L V I J H T
C V T M T G X I L C O R A A
C M M A G I E E W L N O N C
O B P E C B P N Y O C A T U
S I N G E R A J P W I S I L
T E N T E P O L L N P T G A
U B I L L E T B L M P U R I
M B P I S M Q O A O K C E R
E A G P P Z H F A T N E K E
S P E C T A T E U R E S C E
```

ACROBATE
ANIMAUX
BILLET
BONBON
CLOWN
COSTUME
ÉLÉPHANT
JONGLEUR
LION
MAGIE

MAGICIEN
MUSIQUE
BALLONS
PARADE
SINGE
SPECTACULAIRE
SPECTATEUR
TENTE
TIGRE
ASTUCE

13 - Mitologia

```
T  L  É  G  E  N  D  E  J  F  H  G  C  Q
T  O  N  Y  N  I  E  M  A  O  M  E  J  U
O  C  N  T  M  M  F  A  L  R  X  Z  B  C
O  C  O  N  P  M  L  G  O  C  W  C  H  O
L  Q  C  M  E  O  Q  I  U  E  D  A  L  M
H  É  R  O  S  R  A  Q  S  D  I  T  A  P
G  M  É  R  C  T  R  U  I  C  V  A  B  O
U  O  A  T  U  A  C  E  E  R  I  S  Y  R
E  N  T  E  L  L  H  F  C  É  N  T  R  T
R  S  I  L  T  I  É  C  L  A  I  R  I  E
R  T  O  S  U  T  T  D  D  T  T  O  N  M
I  R  N  M  R  É  Y  E  P  U  É  P  T  E
E  E  U  Y  E  A  P  N  U  R  S  H  H  N
R  I  F  H  Q  U  E  E  L  E  H  E  E  T
```

ARCHÉTYPE	JALOUSIE
COMPORTEMENT	GUERRIER
CRÉATURE	IMMORTALITÉ
CRÉATION	LABYRINTHE
CULTURE	LÉGENDE
CATASTROPHE	MAGIQUE
DIVINITÉS	MORTEL
HÉROS	MONSTRE
FORCE	TONNERRE
ÉCLAIR	

14 - Piante

```
F  B  N  I  Y  Z  B  W  Y  M  B  S  Y  Y
E  U  S  O  Z  O  T  I  O  A  A  M  K  V
U  I  U  W  R  R  A  G  L  I  M  L  T  C
I  S  J  V  W  G  N  A  K  L  B  B  N  A
L  S  S  F  Y  G  B  S  X  T  O  J  T  C
L  O  T  L  J  A  R  D  I  N  U  K  G  T
A  N  W  O  M  B  H  A  R  I  C  O  T  U
G  F  O  R  Ê  T  L  Y  N  Q  O  E  P  S
E  L  H  E  R  B  E  Z  C  D  L  N  É  B
O  E  M  N  B  A  I  E  G  G  I  G  T  W
V  U  J  B  J  M  O  U  S  S  E  R  A  G
L  R  A  C  I  N  E  U  B  Z  R  A  L  Y
B  O  T  A  N  I  Q  U  E  H  R  I  E  N
A  R  B  R  E  F  Z  B  Z  Z  E  S  G  J
```

ARBRE	ENGRAIS
BAIE	FLEUR
BAMBOU	FLORE
BOTANIQUE	FEUILLAGE
CACTUS	FORÊT
BUISSON	JARDIN
GRANDIR	MOUSSE
LIERRE	PÉTALE
HERBE	RACINE
HARICOT	

15 - Spezie

```
C  U  C  P  C  U  R  R  Y  E  F  C  Z  T
U  K  U  O  C  N  D  O  V  T  E  A  I  M
R  W  M  I  R  A  N  I  S  H  N  N  O  X
C  Q  I  V  É  I  R  W  A  N  O  N  I  Y
U  Y  N  R  G  L  A  D  M  T  U  E  G  V
M  Q  K  E  L  U  I  N  A  U  I  L  N  A
A  Q  P  T  I  J  G  U  D  M  L  L  O  N
M  V  Y  X  S  L  B  C  U  R  O  E  N  I
H  P  H  F  S  A  F  R  A  N  E  M  B  L
C  Q  X  B  E  M  U  S  C  A  D  E  E  L
A  D  P  A  P  R  I  K  A  H  H  O  S  E
R  R  O  Y  P  K  Y  C  S  Y  W  M  Y  B
T  A  A  U  G  I  N  G  E  M  B  R  E  M
J  X  J  R  X  H  J  B  L  A  M  E  R  N
```

AIL	DOUX
AMER	FENOUIL
ANIS	RÉGLISSE
CANNELLE	MUSCADE
CARDAMOME	PAPRIKA
OIGNON	POIVRE
CORIANDRE	SEL
CUMIN	VANILLE
CURCUMA	SAFRAN
CURRY	GINGEMBRE

16 - Numeri

```
Z  O  X  U  D  D  D  O  U  Z  E  H  U  D
C  U  F  W  É  I  E  N  A  E  O  J  E  I
G  C  Q  F  C  X  U  A  S  I  X  F  D  X
N  E  U  F  I  S  X  D  H  E  D  K  I  H
Q  Q  Q  L  M  E  Z  C  U  R  I  Y  X  U
U  U  K  T  A  P  U  G  I  H  X  Z  N  I
S  I  A  Z  L  T  H  I  T  N  X  S  E  T
G  N  Q  T  T  R  O  I  S  S  Q  E  U  W
Q  Z  L  R  O  J  V  I  N  G  T  P  F  H
U  E  I  Q  K  R  E  J  O  M  I  T  K  O
A  Q  L  Q  I  Z  Z  N  E  C  D  L  K
T  T  R  E  I  Z  E  E  K  Y  A  V  B  B
R  X  D  A  Y  D  C  Z  É  R  O  Y  Z  V
E  R  N  D  B  P  Q  Y  U  F  P  V  Z  E
```

CINQ	QUATORZE
DÉCIMAL	QUATRE
DIX-NEUF	QUINZE
DIX-SEPT	SEIZE
DIX-HUIT	SIX
DIX	SEPT
DOUZE	TROIS
DEUX	TREIZE
NEUF	VINGT
HUIT	ZÉRO

17 - Cioccolato

```
G  I  N  G  R  É  D  I  E  N  T  F  A  N
R  O  H  U  A  E  Q  U  A  L  I  T  É  O
D  E  Û  W  N  U  S  A  R  Ô  M  E  X  I
É  U  C  T  C  A  C  A  O  F  Q  X  V  X
L  C  H  E  X  O  T  I  Q  U  E  T  J  D
I  L  C  X  T  B  O  N  B  O  N  D  F  E
C  F  J  U  H  T  E  R  X  Q  D  O  A  C
I  P  O  U  D  R  E  W  F  B  D  U  V  O
E  C  A  C  A  H  U  È  T  E  S  X  O  C
U  A  R  T  I  S  A  N  A  L  A  J  R  O
X  Q  W  S  C  A  R  A  M  E  L  M  I  H
A  N  T  I  O  X  Y  D  A  N  T  O  E  D
C  A  L  O  R  I  E  S  U  C  R  E  W  R
J  D  M  B  P  L  D  S  V  P  K  N  P  Z
```

AMER
ANTIOXYDANT
CACAHUÈTES
ARÔME
ARTISANAL
CACAO
CALORIES
BONBON
CARAMEL
DÉLICIEUX

DOUX
EXOTIQUE
GOÛT
INGRÉDIENT
NOIX DE COCO
POUDRE
FAVORI
QUALITÉ
RECETTE
SUCRE

18 - Guida

```
A F R C A R T E J Z E F G Y
S C R V I T E S S E S Q H N
É C C E T U N X B S D U A J
C A L I I N B U S K G Q G P
U R I V D N Y U I D Y Z A T
R B C O B E S M O T E U R R
I U E I O L N O S R P Z A A
T R N T G A Z T A A I U G N
É A C U G P D O I F É G E S
H N E R Y C F A E I T W U P
C T U E B E F S N C O B E O
P O L I C E K F K G N X Z R
V R O U T E I K W N E X Z T
J X E J I G K Z P V B R T Q
```

VOITURE
BUS
CARBURANT
FREINS
GARAGE
GAZ
ACCIDENT
LICENCE
CARTE
MOTO

MOTEUR
PIÉTON
DANGER
POLICE
SÉCURITÉ
ROUTE
TRAFIC
TRANSPORT
TUNNEL
VITESSE

19 - Sport

```
A G Y H X N J E U A B Q M K
T Y G O L F O P C O A T O I
H M E N F A U Y H F S E U V
L N G N T O E L A M K N V H
È A A N T G U F M É E N E A
T S G B A R R V P Q T I M A
E E N A I G A E I U B S E R
F M A S P V E Î O I A Z N B
R U N E T U H R N P L J T I
M M T B B A E B N E L U P T
Z W T A P I D Q A I U B P R
T V É L O W C E T W V R B E
Y N G L H O C K E Y R M D G
H G Y M N A S T I Q U E C R
```

ENTRAÎNEUR	GOLF
ARBITRE	HOCKEY
ATHLÈTE	MOUVEMENT
BASE-BALL	NAGER
BASKET-BALL	GYMNASE
VÉLO	ÉQUIPE
CHAMPIONNAT	STADE
GYMNASTIQUE	TENNIS
JOUEUR	GAGNANT
JEU	

20 - Giocattoli

```
P E T R K B A Q V J Z U C V
M O E R Q T N A É E P A K O
I F U B A L L E L U E R I I
A A K P A I D X O X I T T T
P V A T É C N X S V N I A U
U O I S T E R O B O T S M R
Z R F O F R S W A Y U A B E
Z I L C N F O T T G R N O Q
L A I Q E V T P E J E A U B
E R V D A O Y E A T W T R R
F G R K F L Y A U B G H S V
G I E I M A G I N A T I O N
P L S K D N R C A M I O N Q
K E K Z I T É C H E C S M S
```

AVION
CERF-VOLANT
ARGILE
ARTISANAT
VOITURE
POUPÉE
BATEAU
TAMBOURS
VÉLO
CAMION

JEUX
IMAGINATION
LIVRES
BALLE
FAVORI
PUZZLE
ROBOT
ÉCHECS
TRAIN
PEINTURE

21 - Uccelli

```
V I C R M A N C H O T U W W
K B Y P O U L E T U C J B E
U J G R I X P C I G O G N E
M E N N P Q Y W X U O L E
D O E P E Y O V V C C O M T
T O U C A N R I P A O N D K
A K S E U Y F T E N U S J N
U I B P T X C F L A M A N T
T O G É L T S W B R B P C N
R O H L G J E D P D Z C J T
U E E I E K W C O L O M B E
C U H C P I G E O N I Q E J
H F B A P E R R O Q U E T N
E J U N X H É R O N C Y M V
```

HÉRON
CANARD
AIGLE
CIGOGNE
CYGNE
COLOMBE
COUCOU
FLAMANT
MOUETTE
OIE

PERROQUET
MOINEAU
PAON
PÉLICAN
PIGEON
MANCHOT
POULET
AUTRUCHE
TOUCAN
OEUF

22 - Giorni e Mesi

```
M U H G X I D T D A N N É E
F É V R I E R I R Y O Y P P
J U I N W H M Z M L L Û Q A
S J H U U S C J A A U N T J
J A N O V E M B R E N A B V
U S M A O Y O D D E D C G E
I E J E A R I É I P I G H M
L M A C D E S C G K C G C E
L A N Y E I C E U S K H W R
E I V Q L S X M G A R H V C
T N I P X B V B Q N E U X R
A E E P M A V R I L C Y W E
R K R S E P T E M B R E U D
O C T O B R E J Q N H J B I
```

AOÛT	LUNDI
ANNÉE	MARDI
AVRIL	MERCREDI
DÉCEMBRE	MOIS
DIMANCHE	NOVEMBRE
FÉVRIER	OCTOBRE
JANVIER	SAMEDI
JUIN	SEPTEMBRE
JUILLET	SEMAINE

23 - Casa

```
P  R  C  D  U  P  R  B  G  Q  X  L  B  S
P  L  A  F  O  N  D  C  H  A  M  B  R  E
G  N  H  I  C  T  A  P  I  S  R  B  A  C
I  P  S  Z  K  L  E  R  T  F  P  A  X  S
B  A  L  A  I  G  Ô  Q  F  P  S  M  G  N
L  A  M  P  E  R  B  T  I  T  O  I  T  E
R  O  B  I  N  E  T  M  U  R  L  R  X  Q
C  G  Q  Q  A  N  S  L  J  R  H  O  T  F
C  F  F  O  B  I  K  D  A  S  E  I  D  E
W  F  T  E  M  E  M  U  R  E  E  R  O  N
A  R  C  X  R  R  V  P  D  J  C  U  U  Ê
P  S  J  S  C  H  E  M  I  N  É  E  C  T
C  U  I  S  I  N  E  J  N  A  P  U  H  R
B  I  B  L  I  O  T  H  È  Q  U  E  E  E
```

GRENIER	MUR
BIBLIOTHÈQUE	SOL
CHAMBRE	PORTE
CHEMINÉE	CLÔTURE
CUISINE	ROBINET
DOUCHE	BALAI
FENÊTRE	PLAFOND
GARAGE	MIROIR
JARDIN	TAPIS
LAMPE	TOIT

24 - Ristorante #1

```
C W D E S S E R T B T E I C
D A I N G R É D I E N T S O
S Y F V I A N D E L X B Z U
É A R É S E R V A T I O N T
P N U Z E C C Q E A S L E E
I L R C T L J A O K R J N A
C W L U E P H D I O A A Q U
É P G T Z A X U J S S V B Z
N O U R R I T U R E S Y V H
C U I S I N E G O X I I M U
E L S E R V E U S E E E E H
H E A L L E R G I E T N N R
C T F J I H X N F C T N U B
S E R V I E T T E Y E K K R
```

ALLERGIE
CAFÉ
SERVEUSE
VIANDE
CAISSIER
NOURRITURE
BOL
COUTEAU
CUISINE
DESSERT

INGRÉDIENTS
MENU
PAIN
ASSIETTE
ÉPICÉ
POULET
RÉSERVATION
SAUCE
SERVIETTE

25 - Fantascienza

```
T M Y S T É R I E U X L K V
S E W S D R O B O T S W M O
B C C J E P L A N È T E Y O
E C C H C I N É M A Y G I G
X J I Z N U T O P I E N J A
T D Y S T O P I E G F E U L
R C G T A L L I V R E S I A
Ê X P D D I J O E R H O L X
M O N D E K T W G G Q R L I
E X P L O S I O N I Q A U E
R É A L I S T E G J E C S O
F U T U R I S T E B F L I X
F A N T A S T I Q U E E O F
A T O M I Q U E S J C X N D
```

ATOMIQUE
CINÉMA
DYSTOPIE
EXPLOSION
EXTRÊME
FANTASTIQUE
FEU
FUTURISTE
GALAXIE
ILLUSION

LIVRES
MYSTÉRIEUX
MONDE
ORACLE
PLANÈTE
RÉALISTE
ROBOTS
TECHNOLOGIE
UTOPIE

26 - Città

```
S T A D E S O T L W Z O B Q
M U Z S G W H H M Z O G H T
K Z P K A F Ô É P B O U M Q
É S W E H M T Â H I I B U L
U C I N R D E T A B B O N R
S H O R L M L R R L A U I X
A E H L M Z A E M I N L V M
V K L Q E U A R A O Q A E A
M A R C H É S V C T U N R G
U C I N É M A É I H E G S A
L I B R A I R I E È É E I S
G A L E R I E P G Q V R T I
M T U C L I N I Q U E I É N
O F L E U R I S T E F E I B
```

BANQUE
BIBLIOTHÈQUE
CINÉMA
CLINIQUE
PHARMACIE
FLEURISTE
GALERIE
HÔTEL
LIBRAIRIE
MARCHÉ

MUSÉE
MAGASIN
BOULANGERIE
ÉCOLE
STADE
SUPERMARCHÉ
THÉÂTRE
UNIVERSITÉ
ZOO

27 - Virtù #1

```
Y G P M I K D M F I A B L E
P D É I X G R A O N L N A U
R P A N E X Ô F L D I Z S T
A A R D É A L P J I E H F I
T S T É B R E C U N C S Q L
I S I P O A E V I T F U T E
Q I S E N K P U N E I X P E
U O T N G H F A X L W U R F
E N I D T I S Y T L D I O F
W N Q A D É C I S I F W P I
D É U N H S A S A G E E R C
Y H E T K C Y S D E A N E A
C U R I E U X I I N U I T C
C H A R M A N T Q T Y G Y E
```

CHARMANT
FIABLE
PASSIONNÉ
ARTISTIQUE
BON
CURIEUX
DÉCISIF
DRÔLE
EFFICACE

GÉNÉREUX
INDÉPENDANT
INTELLIGENT
MODESTE
PATIENT
PRATIQUE
PROPRE
SAGE
UTILE

28 - Compleanno

```
A M U S E M E N T J I R H A
C A D E A U I É W B K G C D
L E G K P P A J C D G Â N U
I N V I T A T I O N S T X E
F C E I V C E D X Y E E G G
Z P E S F A M I S Y E A J J
Q S V A J L P U C C Y U D H
B O U G I E S A S A E F X C
A P D E O N U N E P R Ê V H
T Z G S W D Z N M C R T D A
A X A S T R C É E L R E E N
Z D M E A I H E U R E U X S
X P L G K E S P É C I A L O
I J O U R R S U P E R L X N
```

AMIS
ANNÉE
CALENDRIER
BOUGIES
CHANSON
CARTES
FÊTE
AMUSEMENT
HEUREUX
JOYEUX

JOUR
JEUNE
SUPER
INVITATIONS
NÉ
CADEAU
SAGESSE
SPÉCIAL
TEMPS
GÂTEAU

29 - Fattoria #1

```
A L W Z M T M C F E W V H H
P G R A I N E S O O F C T R
V W R U E Â M X C C I E Y W
A W I I L N C H A T H N P P
C H Z C C E A U V R V O N J
H I X H H U C H È V R E N C
E U E I A L L A B E I L L E
Y C L E M U W T C H E V A L
X L T N P I N H U U B E H O
I Ô U Z O K X W W R J A Z P
M T R O U P E A U K E U E B
Y U G H L E N G R A I S R C
G R V J E B K E K D U W U Z
S E S L T V Y T R D U L J Q
```

EAU	CHAT
AGRICULTURE	TROUPEAU
ABEILLE	COCHON
ÂNE	MIEL
CHAMP	VACHE
CHIEN	POULET
CHÈVRE	CLÔTURE
CHEVAL	RIZ
ENGRAIS	GRAINES
FOIN	VEAU

30 - Paesaggi

```
L  T  N  F  M  X  F  D  C  O  M  M  B  F
M  A  C  L  K  A  Q  P  D  M  X  O  V  P
A  N  C  E  W  T  R  L  P  K  Q  N  O  J
O  N  O  U  U  E  K  A  R  N  W  T  L  O
N  T  L  V  G  L  Y  G  I  X  U  A  C  V
E  H  L  E  A  R  T  E  I  S  T  G  A  A
I  V  I  M  H  Q  O  C  É  A  N  N  N  L
W  L  N  U  S  W  U  T  A  O  Y  E  R  L
B  M  E  D  U  G  N  K  T  V  M  E  R  É
O  A  S  I  S  E  D  É  S  E  R  T  G  E
V  U  B  S  O  Y  R  C  A  S  C  A  D  E
D  P  F  G  X  S  A  Î  L  E  M  C  G  M
J  O  O  I  C  E  B  E  R  G  K  K  D  H
J  O  P  B  M  R  G  L  A  C  I  E  R  U
```

CASCADE	MER
COLLINE	MONTAGNE
DÉSERT	OASIS
FLEUVE	OCÉAN
GEYSER	MARAIS
GLACIER	PLAGE
GROTTE	TOUNDRA
ICEBERG	VALLÉE
ÎLE	VOLCAN
LAC	

31 - Ristorante #2

```
D  C  H  S  I  L  L  D  D  J  P  R  S  A
N  B  H  S  H  F  É  É  É  O  R  D  E  K
T  G  L  A  C  E  G  L  J  E  S  X  L  P
D  F  D  L  I  E  U  I  E  U  I  T  F  O
R  Î  N  A  T  S  M  C  U  F  É  F  T  I
C  Y  N  D  W  C  E  I  N  J  P  O  V  S
S  B  O  E  C  U  S  E  E  F  I  U  A  S
L  O  G  C  R  I  E  U  R  R  C  R  P  O
S  I  U  J  N  L  R  X  O  U  E  C  É  N
H  S  W  P  J  L  V  X  U  I  S  H  R  Q
E  S  E  U  E  È  E  Y  A  T  Q  E  I  U
A  O  K  P  A  R  U  K  S  O  E  T  T  U
U  N  U  D  B  E  R  R  L  W  M  T  I  A
N  R  I  O  O  G  Â  T  E  A  U  E  F  C
```

EAU
APÉRITIF
BOISSON
SERVEUR
DÎNER
CUILLÈRE
DÉLICIEUX
FOURCHETTE
FRUIT
GLACE

SALADE
SOUPE
POISSON
DÉJEUNER
SEL
CHAISE
ÉPICES
GÂTEAU
OEUF
LÉGUMES

32 - Giardino

```
L R U L L X C R F O W H T Y
B A N C B T V Â L O R E E D
U A M V P B E T E R V R R R
P C L Ô T U R E U B I B R T
A G Z F H I G A R A G E A R
J R E B M U E U H T N A S A
A G B A R U R D C A E S S M
R N U R P O R C H E M I E P
D T I V E L A B D H N A Q O
I U S H L G E A T C D M C L
N Y S V O L U M A S D S U I
J A O C U É T A N G O A V N
G U N Y S Q H X L P E L L E
D S Q J E A K H C F I Q A L
```

ARBRE   PORCHE
HAMAC   PELOUSE
BUISSON   RÂTEAU
HERBE   CLÔTURE
FLEUR   ÉTANG
VERGER   SOL
GARAGE   TERRASSE
JARDIN   TRAMPOLINE
PELLE   TUYAU
BANC   VIGNE

33 - Frutta

```
R G M B O K X C Z P O M M E
F I Y L O U R K D O Ê M P Q
F R P A P A Y E M I G C M U
V K A E N G H E Û R L N H G
O M B M H A J M R E Y C C E
R E R P B U N C E R I S E A
A L I R H O K A B A I E M V
N O C U K C I F S I Y C A O
G N O N V I W S Q S X J N C
E T T E T T I C E I U P G A
N E C T A R I N E N I K U T
B J D J R O Y X G U T H E L
I P P M E N H B K U G G W M
B A N A N E Y Z X R I F R P
```

ABRICOT
ANANAS
ORANGE
AVOCAT
BAIE
BANANE
CERISE
KIWI
FRAMBOISE
CITRON

MANGUE
POMME
MELON
MÛRE
NECTARINE
PAPAYE
POIRE
PÊCHE
PRUNE
RAISIN

34 - Fattoria #2

```
M X D R W I I G K D L V A J
A B K H Z S P R É W M E G A
G G A B D L C A D U A R R U
N P F T N Z U N Z Y Ï G I O
E O R U C H E G U A S E C I
A B U C X M G E R N Y R U E
U Z I R R I G A T I O N L S
C K T R R E I M L M B G T O
A A S V T I B L É A U B E X
L B N E N I T O K U I U U C
M T R A C T E U R X Q T R F
R M M W R W S H R O R G E Z
I L G E K D N X B E R G E R
M O U T O N Q M M L A M A G
```

AGNEAU
AGRICULTEUR
RUCHE
CANARD
ANIMAUX
NOURRITURE
GRANGE
FRUIT
VERGER
BLÉ

IRRIGATION
LAMA
LAIT
MAÏS
OIES
ORGE
BERGER
MOUTON
PRÉ
TRACTEUR

35 - Dinosauri

```
T  G  C  U  W  H  R  I  Z  D  K  Y  I  É
A  R  A  P  A  C  E  G  A  N  H  M  T  N
I  K  Z  U  M  V  P  R  O  I  E  D  O  O
L  Q  B  I  A  I  B  A  B  D  L  A  B  R
L  M  T  S  M  C  T  N  I  I  V  F  K  M
E  S  O  S  M  I  X  D  C  Z  V  F  C  E
T  X  X  A  O  E  Q  U  E  U  E  O  A  N
R  E  B  N  U  U  B  V  S  R  Q  S  R  V
N  E  R  T  T  X  S  C  P  U  X  S  N  E
W  N  P  R  H  X  R  B  È  G  A  I  I  A
K  X  B  T  E  D  H  C  C  I  X  L  V  V
F  O  M  N  I  V  O  R  E  C  W  E  O  C
G  S  É  V  O  L  U  T  I  O  N  S  R  W
A  I  L  E  S  A  E  S  E  B  D  Z  E  Z
```

AILES	OMNIVORE
CARNIVORE	PUISSANT
QUEUE	PROIE
ÉNORME	RAPACE
HERBIVORE	REPTILE
ÉVOLUTION	ESPÈCE
FOSSILES	TAILLE
GRAND	TERRE
MAMMOUTH	VICIEUX

36 - Verdure

```
É  P  I  N  A  R  D  Q  H  G  O  J  O  T
B  C  É  L  E  R  I  E  O  K  R  F  I  O
R  C  H  A  M  P  I  G  N  O  N  M  G  M
O  G  Y  A  U  B  E  R  G  I  N  E  N  A
C  P  B  I  L  P  E  H  O  I  A  U  O  T
O  A  X  L  O  O  E  U  N  Z  Z  A  N  E
L  T  R  Q  C  I  T  R  O  U  I  L  L  E
I  A  A  O  F  S  G  E  S  A  L  A  D  E
Y  T  D  W  T  S  Y  E  N  I  D  F  C  X
M  E  I  F  J  T  X  X  A  I  L  H  J  B
F  A  S  I  M  H  E  O  V  R  U  Z  R  B
C  O  N  C  O  M  B  R  E  H  S  C  G  K
A  R  T  I  C  H  A  U  T  Z  M  E  A  F
G  I  N  G  E  M  B  R  E  N  Z  Q  D  X
```

AIL
BROCOLI
ARTICHAUT
CAROTTE
CONCOMBRE
OIGNON
CHAMPIGNON
SALADE
AUBERGINE
PATATE

POIS
TOMATE
PERSIL
NAVET
RADIS
ÉCHALOTE
CÉLERI
ÉPINARD
GINGEMBRE
CITROUILLE

37 - Scuola #2

```
Z  B  J  A  C  A  D  É  M  I  Q  U  E  S
K  L  C  J  K  B  P  D  U  R  W  X  C  C
C  I  S  E  A  U  X  U  A  U  Q  W  O  I
L  V  J  U  O  S  T  C  F  G  P  B  Y  E
E  R  M  X  Y  R  X  A  C  R  A  Y  O  N
C  E  C  A  X  E  D  T  E  A  P  O  M  C
T  S  F  K  T  L  C  I  X  M  I  X  D  E
U  Z  I  V  L  H  K  O  N  M  E  T  I  Y
R  Z  S  W  Q  P  D  N  P  A  R  U  M  K
E  O  S  A  C  À  D  O  S  I  T  T  I  I
L  I  T  T  É  R  A  T  U  R  E  E  D  O
T  C  H  A  U  S  S  U  R  E  S  H  U  M
B  I  B  L  I  O  T  H  È  Q  U  E  I  R
C  A  L  E  N  D  R  I  E  R  R  U  F  E
```

ACADÉMIQUE	GRAMMAIRE
BUS	LITTÉRATURE
BIBLIOTHÈQUE	LECTURE
CALENDRIER	LIVRES
PAPIER	MATH
ORDINATEUR	CRAYON
ÉDUCATION	CHAUSSURES
CISEAUX	SCIENCE
JEUX	SAC À DOS

38 - Gentilezza

```
Y  P  M  H  M  M  C  H  E  U  R  E  U  X
J  B  N  O  L  N  O  A  O  U  T  I  L  E
F  K  Z  S  S  M  M  F  A  N  B  N  O  J
A  D  O  U  X  H  P  F  U  I  N  M  Y  T
A  M  F  R  K  A  A  E  T  G  M  Ê  Y  K
T  M  I  É  O  Q  T  C  H  É  E  A  T  Y
T  N  A  C  C  T  I  T  E  N  U  J  N  E
E  J  B  E  A  O  S  U  N  É  L  I  U  T
N  U  L  P  L  L  S  E  T  R  O  E  F  D
T  P  E  T  B  É  A  U  I  E  Y  D  R  Z
I  I  U  I  A  R  N  X  Q  U  Q  S  O  J
F  S  C  F  P  A  T  S  U  X  J  V  P  L
R  V  U  X  T  N  Q  U  E  Q  B  F  Q  G
S  E  T  J  L  T  P  A  T  I  E  N  T  Y
```

AFFECTUEUX   GÉNÉREUX
FIABLE   AUTHENTIQUE
AMICAL   HONNÊTE
AIMANT   PATIENT
ATTENTIF   RÉCEPTIF
COMPATISSANT   TOLÉRANT
DOUX   UTILE
HEUREUX

39 - Barbecue

```
P Z W F G C F D I H L V W T
R X W A R O H A Î R Z Y S O
L X W I I U T E M N S Y S M
L N U M L T I M M I E N N A
H N U T O E T T R N L R T T
X A Y M V A O D W V M L J E
Y L F P O U L E T I Q J E S
É T É Z I X S R D T F I U P
D É J E U N E R Q A X X X Y
C I C N O U R R I T U R E C
S A L A D E S P O I V R E H
J F R S A U C E E O C X C A
V F V E I G O I G N O N S U
N S J L M U S I Q U E B F D
```

CHAUD
DÎNER
NOURRITURE
OIGNONS
COUTEAUX
ÉTÉ
FAIM
FAMILLE
FRUIT
JEUX

GRIL
SALADES
INVITATION
MUSIQUE
POIVRE
POULET
TOMATES
DÉJEUNER
SEL
SAUCE

40 - Riempire

```
Y H A E P O C H E B I N V K
U G F N A V I R E U C P A M
X B P V N E I L U O Y O L V
P U A E I G A H Q I P H I N
L P Q L E X S Y K I V D S F
A C U O R S A C U W T A E L
T P E P D C B A S S I N S U
E U T P Q A A L M E R D S E
A G B E N W R R G A O O B N
U E M E P J I Q T U I S O X
C A I S S E L T R O R S Î G
W A I S Z A G A Q R N I T B
B O U T E I L L E R T E E Z
C Y Q F B A I G N O I R E R
```

BASSIN	NAVIRE
BARIL	PAQUET
SAC	BOÎTE
BOUTEILLE	SEAU
ENVELOPPE	POCHE
DOSSIER	TUBE
CARTON	VALISE
CAISSE	BAIGNOIRE
TIROIR	VASE
PANIER	PLATEAU

41 - Insetti

```
V P F S A P U C E R O N F O
T H O G Q A Z D G T Z M R A
S A U T E R E L L E M A E B
A E R G N Q N N P R O N L E
H S M M U D A Z U M U T O I
V Q I T J K X O U I C E N L
C A F A R D R Y O T H J Y L
L I B E L L U L E E E I D E
L A S C A R A B É E R A Y A
G C R I Q U E T P Q O V A L
Y U P V Q U W M T U N P D D
O P Ê R E V W P M T C U V M
A M Q P A P I L L O N E E J
N N B U E C I G A L E Y R A
```

PUCERON
ABEILLE
FRELON
SAUTERELLE
CIGALE
SCARABÉE
PAPILLON
FOURMI
LARVE

LIBELLULE
CRIQUET
MANTE
MOUCHERON
PUCE
CAFARD
TERMITE
VER
GUÊPE

42 - Erboristeria

```
O Y Y G Y M Z K A S M L V M
R A C C W I Y R R A F A E A
R O X O G Y V R O F A V R R
Q R M A E S Z S M R Z A T J
N C C A N E T H A A P N Q O
J P J A R D I N T N P D B L
T P C U L I N A I R E E F A
O R I G A N N O Q L R A E I
Q U A L I T É L U W S A N N
M E N T H E H P E T I K O E
T F G T V U G Y W F L E U R
E S T R A G O N M A X Q I R
I N G R É D I E N T I T L R
Z T K Z G X Q B A S I L I C
```

AIL	LAVANDE
ANETH	MARJOLAINE
AROMATIQUE	MENTHE
BASILIC	ORIGAN
CULINAIRE	PERSIL
ESTRAGON	QUALITÉ
FENOUIL	ROMARIN
FLEUR	THYM
JARDIN	VERT
INGRÉDIENT	SAFRAN

43 - Danza

```
Y V H Q Q K C X P R C T C A
M I S C O R P S O É U R U R
O S P H P X A C S P L A L T
U U J O Y E U X T É T D T P
V E N R W L X E U T U I U A
E L J É M I F B R I R T R R
M F U G Y U M J E T E I E T
E X P R E S S I F I L O H E
N A C A D É M I E O G N L N
T Y U P A H Y C Q N B N T A
S T V H G R Â C E U M E P I
L A E I R C H H L M E L G R
A D U E C L A S S I Q U E E
U R Y T H M E É M O T I O N
```

ACADÉMIE	JOYEUX
ART	GRÂCE
CLASSIQUE	MOUVEMENT
PARTENAIRE	MUSIQUE
CHORÉGRAPHIE	POSTURE
CORPS	RÉPÉTITION
CULTURE	RYTHME
CULTUREL	SAUT
ÉMOTION	TRADITIONNEL
EXPRESSIF	VISUEL

44 - Scuola #1

```
D E S S T Y L O S B X F A L
B I B L I O T H È Q U E M F
S M M M U Z P X P U P P U S
X W X S P F C H A I S E S U
M A R Q U E U R S Z F I E R
M U V D A L P H A B E T M É
C R A Y O N I G M M M F E P
E S D J B K L V Y D A O N O
É X P L N C K A R T I T T N
C A A L D O S S I E R S H S
R M P M B U R E A U S F N E
I I I Q E D É J E U N E R S
R S E C E N S E I G N A N T
E N R D W N S N O M B R E S
```

ALPHABET
AMIS
BIBLIOTHÈQUE
PAPIER
DOSSIERS
AMUSEMENT
EXAMENS
ENSEIGNANT
LIVRES
MARQUEURS

MATH
CRAYON
NOMBRES
DES STYLOS
DÉJEUNER
QUIZ
RÉPONSES
BUREAU
ÉCRIRE
CHAISE

45 - Fiori

```
T  J  T  S  M  D  P  B  O  U  Q  U  E  T
U  U  R  V  J  A  S  M  I  N  V  V  A  U
L  U  È  T  O  U  R  N  E  S  O  L  V  S
I  C  F  A  H  O  P  G  W  F  A  Z  L  S
P  U  L  E  N  R  I  L  U  R  O  S  E  P
E  E  E  T  C  C  V  Y  U  E  S  S  O  É
P  A  V  O  T  H  O  S  D  M  R  G  T  T
T  Y  B  Q  X  I  I  A  I  W  E  I  Y  A
F  Z  L  Q  S  D  N  B  M  D  Y  R  T  L
P  G  X  X  K  É  E  L  I  L  A  S  I  E
V  K  Z  M  C  E  C  B  D  S  H  B  U  A
P  A  S  S  I  F  L  O  R  E  C  A  Z  B
J  O  N  Q  U  I  L  L  E  G  O  U  S  W
L  A  V  A  N  D  E  H  L  K  R  L  S  T
```

JASMIN	ORCHIDÉE
LYS	PAVOT
TOURNESOL	PASSIFLORE
HIBISCUS	PIVOINE
LAVANDE	PÉTALE
LILAS	PLUMERIA
MARGUERITE	ROSE
BOUQUET	TRÈFLE
JONQUILLE	TULIPE

46 - Ecologia

```
V  D  O  M  S  U  R  V  I  E  Z  Y  P  M
A  O  U  F  A  U  N  E  J  P  O  K  M  D
R  Y  S  R  Q  R  Z  H  S  U  J  I  O  Q
I  G  C  H  A  B  I  T  A  T  B  E  Q  F
É  E  Z  D  R  B  K  N  A  T  U  R  E  L
T  O  M  X  H  G  L  O  B  A  L  E  M  O
É  C  L  I  M  A  T  E  K  K  G  S  A  R
W  S  É  C  H  E  R  E  S  S  E  P  R  E
V  É  G  É  T  A  T  I  O  N  K  È  A  P
V  H  C  N  A  T  U  R  E  L  J  C  I  O
R  J  U  U  H  P  L  A  N  T  E  S  W
R  E  S  S  O  U  R  C  E  S  R  C  L  L
C  O  M  M  U  N  A  U  T  É  S  H  F  T
D  I  V  E  R  S  I  T  É  I  D  V  S  H
```

CLIMAT	MARAIS
COMMUNAUTÉS	PLANTES
DIVERSITÉ	RESSOURCES
FAUNE	SÉCHERESSE
FLORE	SURVIE
GLOBAL	DURABLE
HABITAT	ESPÈCE
MARIN	VARIÉTÉ
NATURE	VÉGÉTATION
NATUREL	

47 - Discipline Scientifiche

```
B O T A N I Q U E Z A C G P
R I M I N É R A L O G I E S
T S O C I O L O G I E W O Y
T R É C O L O G I E S G N C
F N M A H B I O L O G I E H
M É C A N I Q U E M W C U O
N A N A T O M I E B Z H R L
B N U T R I T I O N V I O O
Z O O L O G I E E B N M L G
G É O L O G I E T D Z I O I
P H Y S I O L O G I E E G E
B V R H A S T R O N O M I E
L I N G U I S T I Q U E E I
I M M U N O L O G I E U Z K
```

ANATOMIE
ASTRONOMIE
BIOCHIMIE
BIOLOGIE
BOTANIQUE
CHIMIE
ÉCOLOGIE
PHYSIOLOGIE
GÉOLOGIE

IMMUNOLOGIE
LINGUISTIQUE
MÉCANIQUE
MINÉRALOGIE
NEUROLOGIE
NUTRITION
PSYCHOLOGIE
SOCIOLOGIE
ZOOLOGIE

48 - Scienza

```
Q  P  T  L  F  N  I  D  O  N  N  É  E  S
V  N  V  Q  C  J  I  D  H  A  L  V  P  L
Q  L  D  Q  L  G  C  H  Y  V  V  O  U  A
C  H  I  M  I  Q  U  E  P  O  B  L  E  B
P  G  G  Z  M  P  T  A  O  R  J  U  X  O
N  A  R  A  A  A  S  Q  T  G  A  T  P  R
A  W  R  A  T  F  F  Z  H  A  T  I  É  A
T  P  I  T  V  J  A  O  È  N  O  O  R  T
U  P  L  I  I  I  I  N  S  I  M  N  I  O
R  N  F  N  L  C  T  N  E  S  E  Y  E  I
E  G  S  L  X  Q  U  É  L  M  I  F  N  R
A  F  J  Q  J  J  X  L  D  E  A  L  C  E
R  G  M  É  T  H  O  D  E  Q  P  F  E  L
M  I  N  É  R  A  U  X  V  S  M  C  O  T
```

ATOME
CHIMIQUE
CLIMAT
DONNÉES
EXPÉRIENCE
ÉVOLUTION
FAIT
FOSSILE

GRAVITÉ
HYPOTHÈSE
LABORATOIRE
MÉTHODE
MINÉRAUX
NATURE
ORGANISME
PARTICULES

49 - Acqua

```
I  I  D  K  É  M  V  P  U  J  Q  I  V  O
N  R  H  U  V  Z  G  O  U  O  I  B  A  U
O  R  G  L  A  C  E  T  V  O  T  T  P  R
N  I  U  M  P  W  Y  A  V  A  R  M  E  A
D  G  E  L  O  Z  S  B  I  V  G  O  U  G
A  A  S  A  R  E  E  L  D  N  X  U  R  A
T  T  D  C  A  F  R  E  X  Z  O  S  E  N
I  I  L  A  T  H  L  S  P  O  X  S  P  S
O  O  S  N  I  L  R  E  H  K  Y  O  L  D
N  N  W  A  O  S  R  J  U  V  R  N  U  O
M  E  E  L  N  X  T  L  M  V  N  T  I  U
L  K  I  O  C  É  A  N  I  N  E  X  E  C
B  L  T  G  H  U  M  I  D  I  T  É  L  H
B  O  F  L  E  Z  J  H  E  R  D  O  W  E
```

INONDATION	MOUSSON
CANAL	NEIGE
DOUCHE	OCÉAN
ÉVAPORATION	VAGUES
FLEUVE	PLUIE
GEL	POTABLE
GEYSER	HUMIDITÉ
GLACE	HUMIDE
IRRIGATION	OURAGAN
LAC	VAPEUR

50 - Gatti

```
W  Z  I  L  L  R  B  W  E  H  U  F  D  C
T  T  E  Q  F  C  C  N  Y  M  Z  O  R  H
I  N  D  É  P  E  N  D  A  N  T  U  Ô  A
S  D  O  G  O  P  G  N  F  S  F  R  L  S
A  O  C  K  T  F  E  J  F  T  R  R  E  S
U  R  U  G  F  O  U  U  E  Z  C  U  J  E
V  M  Q  R  O  F  F  T  C  U  U  R  D  U
A  I  U  I  I  G  I  I  T  B  R  E  X  R
G  R  E  F  Y  S  L  M  U  M  I  K  X  C
E  W  U  F  T  S  Y  I  E  B  E  A  U  P
T  H  E  E  X  U  I  D  U  B  U  E  N  V
E  S  P  I  È  G  L  E  X  P  X  O  Y  Y
P  A  T  T  E  R  A  P  I  D  E  P  B  U
P  E  R  S  O  N  N  A  L  I  T  É  R  U
```

AFFECTUEUX	FOU
GRIFFE	FOURRURE
CHASSEUR	PERSONNALITÉ
QUEUE	PEU
CURIEUX	SAUVAGE
DRÔLE	TIMIDE
DORMIR	SOURIS
FIL	RAPIDE
ESPIÈGLE	PATTE
INDÉPENDANT	

51 - Surf

```
N P U U A Z E A W X O U P Z
A V L I I B S M É T É O A R
G T Q A A C T U I D L Y G A
E O H C G Z O S C Q U Z A P
R E U L F E M E R R É C I F
F D O N È Q A M V A G U E F
O Z B Z S T C E Z H V M X O
U M O U S S E N N U C V T R
L X C Y F T B T J A F I R C
E D É F W F Y P S Y K T Ê E
S B A P O P U L A I R E M E
K O N E U K S C E N K S E P
O C H A M P I O N L F S K N
D É B U T A N T O N X E J M
```

ATHLÈTE	PAGAIE
CHAMPION	POPULAIRE
AMUSEMENT	DÉBUTANT
EXTRÊME	MOUSSE
FOULES	RÉCIF
FORCE	PLAGE
MÉTÉO	STYLE
NAGER	ESTOMAC
OCÉAN	VITESSE
VAGUE	

52 - Imbarcazioni

```
C  M  N  F  T  H  H  R  W  F  U  Z  Q  O
O  H  N  E  T  Q  I  S  W  R  S  R  U  V
É  P  J  R  A  D  E  A  U  C  W  X  M  Z
Q  B  J  R  A  H  H  L  H  K  P  H  V  L
U  T  G  Y  T  P  W  W  N  L  G  I  I  T
I  P  L  V  Y  A  C  H  T  E  C  K  H  U
P  V  A  G  U  E  S  O  C  E  V  Z  W  V
A  O  C  H  M  E  R  Y  R  A  N  C  R  E
G  I  X  P  O  K  O  M  F  D  N  Y  V  M
E  L  S  U  T  J  C  Â  N  L  E  O  F  A
S  I  O  C  E  W  É  T  Y  I  E  E  Ë  R
Z  E  X  H  U  K  A  Y  A  K  C  U  E  I
A  R  P  A  R  F  N  M  A  R  É  E  V  N
N  A  U  T  I  Q  U  E  Z  B  O  U  É  E
```

MÂT	MER
ANCRE	MARÉE
VOILIER	MARIN
BOUÉE	MOTEUR
CANOË	NAUTIQUE
CORDE	OCÉAN
ÉQUIPAGE	VAGUES
FLEUVE	FERRY
KAYAK	YACHT
LAC	RADEAU

53 - Api

```
H  F  L  E  U  R  N  P  A  É  D  T  B  H
J  A  R  D  I  N  O  U  E  C  I  S  É  H
K  K  B  L  V  Q  U  O  V  O  V  E  N  Z
Z  K  M  I  E  L  R  N  E  S  E  F  É  G
C  V  B  C  T  K  R  Q  S  Y  R  N  F  Q
F  R  U  I  T  A  I  Z  O  S  S  B  I  R
E  W  J  U  C  R  T  T  L  T  I  Q  Q  O
A  S  U  D  I  H  U  X  E  È  T  I  U  P
P  I  S  Q  R  C  R  W  I  M  É  B  E  L
O  O  L  A  E  P  E  F  L  E  U  R  S  A
L  Y  B  E  I  R  E  I  N  E  C  H  L  N
L  A  S  D  S  M  B  Q  F  U  M  É  E  T
E  R  U  C  H  E  I  N  S  E  C  T  E  E
N  U  F  M  V  S  Y  B  H  X  Q  D  M  S
```

AILES
RUCHE
BÉNÉFIQUE
CIRE
NOURRITURE
DIVERSITÉ
ÉCOSYSTÈME
FLEURS
FLEUR
FRUIT

FUMÉE
JARDIN
HABITAT
INSECTE
MIEL
PLANTES
POLLEN
REINE
ESSAIM
SOLEIL

54 - Strumenti Musicali

```
U H L Y V F M D G I H T G T
X H H P I L A D O W A R U A
A C Q K O Û N D N T R O I M
T L E P L T D N G S M M T B
B A N J O E O X J A O B A O
A R M W N O L N G X N O R U
S I A B Z P I A N O I N E R
S N R T O H N U U P C E X O
O E I V O U E R Z H A S L P
N T M G I L R N G O G Z L B
Z T B A J I K I Q N I F S S
O E A H A R P E N E C T A Q
D T Y P U E H A U T B O I S
P E R C U S S I O N F Z Z W
```

HARMONICA	MARIMBA
HARPE	HAUTBOIS
BANJO	PERCUSSION
GUITARE	PIANO
CLARINETTE	SAXOPHONE
BASSON	TAMBOURIN
FLÛTE	TAMBOUR
GONG	TROMBONE
MANDOLINE	VIOLON

55 - Professioni #2

```
I N G É N I E U R P I H B L
N L P H O T O G R A P H E I
V Y L E N Q U Ê T E U R S N
E E A U C H E R C H E U R G
N G W E S M É D E C I N U U
T K E D É T E C T I V E I I
E B S P J A R D I N I E R S
U U O U A A Z A P N L W Z T
R P E I N T R E T I P V W E
P H I L O S O P H E L S A G
A S T R O N A U T E U O W D
B I O L O G I S T E O R T O
E N S E I G N A N T N R G E
X M C H I R U R G I E N D T
```

ASTRONAUTE   ENSEIGNANT
BIOLOGISTE   INVENTEUR
CHIRURGIEN   ENQUÊTEUR
DÉTECTIVE   LINGUISTE
PHILOSOPHE   MÉDECIN
PHOTOGRAPHE   PILOTE
JARDINIER   PEINTRE
ILLUSTRATEUR   CHERCHEUR
INGÉNIEUR

56 - Letteratura

```
A U S P O É T I Q U E O N A
N T D E S C R I P T I O N N
E E H M É T A P H O R E P A
C O X L Y Z Y I R H O S P L
D X C W C S I L G G M J R O
O F O R D O N L E S A J T G
T A N A L Y S E N V N T C I
E U C P I U U R Y T H M E A
A T L T O N Y R E Y A V I I
R E U U Z È M T O V Z I M D
Y U S A Y A M P H S Z N X R
L R I M E J B E L È T Z R F
B I O G R A P H I E M A Z A
T Q N D I A L O G U E E K S
```

ANALYSE
ANALOGIE
ANECDOTE
AUTEUR
BIOGRAPHIE
CONCLUSION
DESCRIPTION
DIALOGUE
GENRE

MÉTAPHORE
POÈME
POÉTIQUE
RIME
RYTHME
ROMAN
STYLE
THÈME

57 - Cibo #2

```
K  H  P  A  I  N  P  P  C  Q  A  U  Y  I
I  C  T  O  L  Z  U  O  H  N  C  W  Q  Y
W  N  U  O  U  W  S  M  A  M  É  M  V  G
I  E  Z  C  M  L  I  M  M  Z  L  A  G  R
O  M  S  E  P  A  E  E  P  K  E  T  G  P
Q  T  K  R  I  Z  T  T  I  K  R  O  C  O
D  R  A  I  S  I  N  E  G  N  I  R  W  I
X  S  D  S  S  A  C  J  N  O  E  U  F  S
P  S  Q  E  P  J  O  J  O  Z  B  Y  N  S
C  H  O  C  O  L  A  T  N  E  Y  A  S  O
B  A  N  A  N  E  E  M  K  X  G  O  W  N
F  R  O  M  A  G  E  Z  B  L  É  U  H  Q
A  U  B  E  R  G  I  N  E  O  B  R  V  C
Z  H  B  R  O  C  O  L  I  Y  N  T  C  V
```

BANANE	PAIN
BROCOLI	POISSON
CERISE	POULET
CHOCOLAT	TOMATE
FROMAGE	JAMBON
CHAMPIGNON	RIZ
BLÉ	CÉLERI
KIWI	OEUF
POMME	RAISIN
AUBERGINE	YAOURT

58 - Nutrizione

```
É  X  B  G  W  K  G  W  D  B  R  É  D  E
J  P  X  Q  U  A  L  I  T  É  K  Q  I  P
P  C  I  L  I  Q  U  I  D  E  S  U  È  F
O  R  Z  C  B  B  C  U  D  F  N  I  T  E
I  A  O  Z  E  X  I  G  F  O  D  L  E  R
D  C  G  T  Z  S  D  U  P  I  I  T  M
S  M  C  G  É  A  E  J  F  I  G  B  O  E
Y  K  P  A  G  I  S  A  U  C  E  R  X  N
B  C  C  R  L  N  N  B  A  C  S  É  I  T
A  M  E  R  H  O  O  E  B  S  T  Y  N  A
S  A  N  T  É  Y  R  O  S  J  I  M  E  T
H  I  A  P  P  É  T  I  T  N  O  Q  K  I
V  I  T  A  M  I  N  E  E  K  N  Y  J  O
N  U  T  R  I  T  I  F  Y  S  A  P  S  N
```

AMER
APPÉTIT
ÉQUILIBRÉ
CALORIES
GLUCIDES
DIÈTE
DIGESTION
FERMENTATION
LIQUIDES
NUTRITIF

POIDS
PROTÉINES
QUALITÉ
SAUCE
SANTÉ
SAIN
ÉPICES
TOXINE
VITAMINE

59 - Matematica

```
F Y U Q T P J M J U T L B D
K H I É Q U A T I O N O A I
S M S N N P Y R A Y O N N A
L Y D T D D O K A I C I G M
R E C T A N G L E L H R L È
E E R M D G K S Y N L J E T
T X L B I V O O I G Y È S R
R V P S V V A I S B O I L E
I O C O I Q M W C A W N F E
A L A M S Y M É T R I E E T
N U R M I A F R A C T I O N
G M R E O J N D É C I M A L
L E É A N I K T E V O N J B
E A R I T H M É T I Q U E A
```

ANGLES
ARITHMÉTIQUE
DÉCIMAL
DIAMÈTRE
DIVISION
ÉQUATION
EXPOSANT
FRACTION
PARALLÈLE

POLYGONE
CARRÉ
RAYON
RECTANGLE
SYMÉTRIE
SOMME
TRIANGLE
VOLUME

60 - Vacanza #1

```
Y  L  E  R  E  L  A  X  A  T  I  O  N  Y
A  A  H  X  Z  Q  W  E  X  M  B  F  A  U
T  C  O  V  P  J  K  A  T  W  X  L  G  O
Z  O  U  A  T  É  K  K  J  E  L  H  E  C
P  I  U  N  C  P  D  O  U  A  N  E  R  X
O  T  E  R  V  A  L  I  S  E  E  W  O  L
Y  I  J  A  I  V  O  I  T  U  R  E  Z  S
T  N  X  Z  U  S  X  B  N  I  M  F  R  A
D  É  P  A  R  T  T  Z  I  Q  O  G  N  C
E  R  Q  U  I  R  H  E  A  L  A  N  G  À
V  A  P  U  V  A  V  I  O  N  L  Y  M  D
I  I  I  G  I  M  L  W  P  Z  L  E  L  O
S  R  P  A  R  A  P  L  U  I  E  T  T  S
E  E  X  I  I  M  U  S  É  E  R  K  M  S
```

AVION	PARAPLUIE
ALLER	DÉPART
VOITURE	RELAXATION
BILLET	EXPÉDITION
DOUANE	TRAM
ITINÉRAIRE	TOURISTE
LAC	VALISE
MUSÉE	DEVISE
NAGER	SAC À DOS

61 - Meditazione

```
C O N A T U R E S E T V N G
L A B P E N S É E S K G H E
A R L S M P P O S T U R E N
R E E M E Q G U M D M A A T
T S S U E R L V N D E T C I
É P P S N Y V P P O N I C L
M I R I O N K A H P T T E L
O R I Q N J J I T T A U P E
T A T U C V K X V I L D T S
I T J E A N C Y Z G O E A S
O I J S M O U V E M E N T E
N O A T T E N T I O N B I Z
S N R B C O M P A S S I O N
P E R S P E C T I V E F N J
```

ACCEPTATION
ATTENTION
CALME
CLARTÉ
COMPASSION
ÉMOTIONS
GENTILLESSE
GRATITUDE
MENTAL
ESPRIT

MOUVEMENT
MUSIQUE
NATURE
OBSERVATION
PAIX
PENSÉES
POSTURE
PERSPECTIVE
RESPIRATION

62 - Estate

```
L  T  É  R  C  M  J  F  C  F  W  C  Y  J
N  I  T  T  J  Q  U  J  G  Y  D  Y  D  E
O  H  V  N  O  Z  A  N  Z  N  X  U  J  U
U  E  O  R  I  I  C  A  M  P  I  N  G  X
R  A  Y  G  E  J  L  G  E  L  F  M  R  S
R  V  A  D  X  S  A  E  R  A  E  U  E  A
I  A  G  S  M  K  Y  R  S  G  T  H  L  N
T  C  E  G  U  Q  B  U  D  E  B  W  A  D
U  A  M  I  S  L  X  M  A  I  A  F  X  A
R  N  G  B  I  I  P  R  E  K  N  O  A  L
E  C  J  C  Q  L  O  I  S  I  R  C  T  E
V  E  K  O  U  P  L  O  N  G  É  E  I  S
I  S  E  R  E  K  V  Y  M  Y  S  B  O  U
F  E  U  E  F  A  M  I  L  L  E  Y  N  M
```

AMIS	MUSIQUE
CAMPING	NAGER
NOURRITURE	RELAXATION
FAMILLE	SANDALES
JARDIN	PLAGE
JEUX	ÉTOILES
JOIE	LOISIR
PLONGÉE	VACANCES
LIVRES	VOYAGE
MER	

63 - Escursionismo

```
Q P S R C M C A R T E I N B
L I S U L S O A C V K P A O
O E W Q I D A N G E R S T T
P R V N M O H I T S W A U T
T R I Z A O A M S A D L R E
B E É E T I P A O U G H E S
J S V P N Z T U M V E N W C
Z M M A A T S X M A O V E A
L O U R D R A W E G K T A M
Y Z O C Y G A T T E X G U P
X D W S Z F A T I G U É I I
G U I D E S A X I O A B J N
F A L A I S E H X O N H W G
N S O L E I L H P V N J N C
```

EAU
ANIMAUX
CAMPING
CLIMAT
GUIDES
CARTE
MONTAGNE
NATURE
ORIENTATION
PARCS

DANGERS
LOURD
PIERRES
PRÉPARATION
FALAISE
SAUVAGE
SOLEIL
FATIGUÉ
BOTTES
SOMMET

64 - Professioni #1

```
A K I F Z F B A N Q U I E R
I V I N F I R M I È R E U C
G É O L O G U E I R F G I A
S C A C E N T R A Î N E U R
L N C H A S S E U R B P A T
A Y É D I T E U R J N L S O
P S Y C H O L O G U E O T G
A R T I S T E C E L J M R R
B I J O U T I E R R W B O A
P H A R M A C I E N K I N P
A M B A S S A D E U R E O H
M U S I C I E N T Q I R M E
A J Q C A P I A N I S T E B
D A N S E U R G L Z T J X F
```

ENTRAÎNEUR
AMBASSADEUR
ARTISTE
ASTRONOME
AVOCAT
DANSEUR
BANQUIER
CHASSEUR
CARTOGRAPHE

ÉDITEUR
PHARMACIEN
GÉOLOGUE
BIJOUTIER
PLOMBIER
INFIRMIÈRE
MUSICIEN
PIANISTE
PSYCHOLOGUE

65 - Antartide

```
G G G L A C E Q H W R C Y V
L É T O P O G R A P H I E Y
A O R H H P É N I N S U L E
C G B J O Y Z U J G V H M P
I R N A R W V A K B A I E C
E A D E Y M I G R A T I O N
R P F I O C H E R C H E U R
S H E X P É D I T I O N R F
Î I C O N S E R V A T I O N
L E C O N T I N E N T F C K
E M M I N É R A U X Y V H E
S C I E N T I F I Q U E E E
T E M P É R A T U R E Z U A
B A L E I N E S G T H U X U
```

EAU
BAIE
BALEINES
CONSERVATION
CONTINENT
GÉOGRAPHIE
GLACIERS
GLACE
ÎLES
MIGRATION

MINÉRAUX
NUAGE
PÉNINSULE
CHERCHEUR
ROCHEUX
SCIENTIFIQUE
EXPÉDITION
TEMPÉRATURE
TOPOGRAPHIE

66 - Libri

```
H K É C R I T Z D R U D H R
I V K O É P I Q U E O H T B
S L N L O A I P A G E M R L
T I V L A V N E L N L D A M
O T F E H E V R I A E N G N
I T S C P N E T T R C C I E
R É É T O T N I É R T S Q Q
E R R I É U T N G A E Q U V
W A I O S R I E D T U N E B
O I E N I E F N H E R I Q J
Z R M A E A Q T A U T E U R
E E A Q H I S T O R I Q U E
H C H U M O R I S T I Q U E
D T L M C O N T E X T E C O
```

AUTEUR
AVENTURE
COLLECTION
CONTEXTE
DUALITÉ
ÉPIQUE
INVENTIF
LITTÉRAIRE
LECTEUR
NARRATEUR

PAGE
POÉSIE
PERTINENT
ROMAN
ÉCRIT
SÉRIE
HISTOIRE
HISTORIQUE
TRAGIQUE
HUMORISTIQUE

67 - Geografia

```
L  R  C  A  R  T  E  H  R  J  P  C  N  K
O  U  E  S  T  Q  E  E  É  I  A  A  I  U
N  Î  L  E  S  Z  H  K  G  V  Y  B  P  H
G  I  T  M  O  N  D  E  I  F  S  I  E  É
I  T  I  O  D  A  Q  R  O  L  M  U  W  M
T  C  Z  N  S  Z  B  O  N  E  É  L  D  I
U  A  L  T  I  T  U  D  E  U  R  Z  B  S
D  K  H  A  T  L  A  S  C  V  I  W  Y  P
E  G  R  G  T  V  D  Y  T  E  D  M  K  H
O  C  O  N  T  I  N  E  N  T  I  R  E  È
J  Y  F  E  P  L  T  E  O  Z  E  K  D  R
Y  K  T  C  F  L  T  U  R  M  N  E  U  E
J  A  X  A  B  E  K  R  D  I  X  N  B  W
T  E  R  R  I  T  O  I  R  E  I  J  G  Q
```

ALTITUDE	MER
ATLAS	MÉRIDIEN
VILLE	MONDE
CONTINENT	MONTAGNE
HÉMISPHÈRE	NORD
FLEUVE	OUEST
ÎLE	PAYS
LATITUDE	RÉGION
LONGITUDE	SUD
CARTE	TERRITOIRE

68 - Cibo #1

```
B L J B I X G O Y C R V H N
B A U A N D V I R B M N C M
G I S O C N U G O G S P A D
U L A I T É I N A V E T N A
W B L J L P F O D M L H N P
N C A P V I A N D E T O E I
C A D T Y N C I T R O N L O
L A E F R A I S E I J Q L X
Y E R H G R T Q N G P S E X
C T D O Â D N W L U W Q N Z
K W K Z T I L Z W C P I T P
O F Q M E T P O I R E U Z Q
A Z R A A Q E S U C R E E J
Y H P C U M E N T H E H E P
```

AIL	MENTHE
BASILIC	ORGE
CANNELLE	POIRE
VIANDE	NAVET
CAROTTE	SEL
OIGNON	ÉPINARD
FRAISE	JUS
SALADE	THON
LAIT	GÂTEAU
CITRON	SUCRE

69 - Aeroplani

```
D F P P W H M W C E Y Z L D
W E Z Y M P A B A L L O N É
H I S T O I R E R Q I C A Q
V K Z C T T J L B P F O I U
S Z G U E V U T U I S N R I
A P W Q U N J D R L H S B P
N L A N R Z T R A O A T U A
A M T S Q A V E N T U R E G
V C I I S N K O T E T U P E
I X L Z T A C I E L E C G U
G E Y N W U G C A D U T R X
U P V D W Z D E Y E R I H P
E M E B D H I E R N D O M M
R T W D I R E C T I O N V S
```

HAUTEUR
ALTITUDE
AIR
AVENTURE
CARBURANT
CIEL
CONSTRUCTION
DIRECTION

DESCENTE
ÉQUIPAGE
MOTEUR
NAVIGUER
BALLON
PASSAGER
PILOTE
HISTOIRE

70 - Pirati

```
V H P D Q H X R P L H B X B
C Q G R O T T E H L I K P D
I Z F A P J L D P U A E T N
C E K P I D É P É E M G E X
A T S E È F G T S B É Y E U
T V H A C P E R R O Q U E T
R J E U E Î N É K U U T M W
I U E N S L D S L S I I A N
C V Z L T E E O K S P P U J
E S C E I U O R M O A W V C
D A N G E R R N L L G F A A
O R A N C R E E A E E S I R
C A P I T A I N E Q I E S T
N S P U R M M D Q T W O W E
```

ANCRE
AVENTURE
DRAPEAU
BOUSSOLE
CAPITAINE
MAUVAIS
CICATRICE
ÉQUIPAGE
GROTTE
ÎLE

LÉGENDE
CARTE
PIÈCES
OR
PERROQUET
DANGER
RHUM
ÉPÉE
PLAGE
TRÉSOR

71 - Colori

```
O  M  B  L  E  U  E  V  E  R  T  C  X  A
W  R  L  I  O  W  N  C  N  C  K  Y  G  G
K  J  A  H  N  H  N  F  O  T  Y  A  B  R
M  A  N  N  G  D  E  O  A  E  F  N  C  O
O  U  C  M  G  R  I  S  M  Z  B  O  R  U
B  N  F  A  A  E  D  G  S  É  P  I  A  G
E  E  U  G  Z  R  Y  V  O  F  C  R  M  E
I  A  C  E  A  O  R  I  Z  M  I  P  O  K
G  J  H  N  M  S  G  O  V  H  U  I  I  G
E  Q  S  T  G  E  I  L  N  Z  K  J  S  W
W  S  I  A  K  X  D  E  V  X  Z  X  I  Y
W  L  A  A  Z  U  R  T  H  R  E  L  W  W
C  J  N  L  Y  A  T  E  E  T  R  H  Q  L
P  R  R  J  O  J  Y  Z  I  N  I  N  F  V
```

ORANGE	INDIGO
AZUR	MAGENTA
BEIGE	MARRON
BLANC	NOIR
BLEU	ROSE
CYAN	ROUGE
CRAMOISI	SÉPIA
FUCHSIA	VERT
JAUNE	VIOLET
GRIS	

72 - Spiaggia

```
E  J  A  N  N  A  E  X  B  A  T  E  A  U
U  N  N  Z  N  V  O  I  L  I  E  R  D  S
P  A  R  A  P  L  U  I  E  N  S  É  Z  E
M  K  J  C  G  J  R  T  U  D  O  C  K  R
O  B  C  Ô  T  E  U  A  G  Z  L  I  O  V
V  R  R  D  P  V  R  N  Î  H  E  F  C  I
A  J  M  X  W  S  A  B  L  E  I  J  É  E
C  P  F  E  C  R  A  B  E  M  L  T  A  T
A  K  Z  V  X  Q  H  N  K  V  E  N  N  T
N  J  L  A  G  U  N  E  D  U  O  R  N  E
C  Q  H  N  L  K  K  H  Y  A  K  B  O  Y
E  S  A  Z  D  M  B  S  Z  U  L  D  Q  N
S  B  A  S  J  S  Z  F  H  J  O  E  G  D
L  S  I  L  P  K  A  F  E  G  G  H  S  X
```

SERVIETTE	MER
BATEAU	NAGER
VOILIER	OCÉAN
BLEU	PARAPLUIE
CÔTE	SABLE
DOCK	SANDALES
CRABE	RÉCIF
ÎLE	SOLEIL
LAGUNE	VACANCES

73 - Avventura

```
N A T U R E V U D A O Z U E
J O I E W E F Q E H P Q F N
T D N D F X Q I S F P Y Q T
X A A I V C T N I O O D H
T N V F O U N H I T R J É O
B G I F F R O A N I T X F U
C E G I C S U B A N U B I S
A R A C T I V I T É N R S I
M E T U Q O E T I R I A G A
I U I L T N A U O A T V K S
S X O T C É U E N I É O P M
R D N É Z T Z L C R V U U E
S É C U R I T É R E M R J A
P R É P A R A T I O N E P X
```

AMIS
ACTIVITÉ
BEAUTÉ
BRAVOURE
DESTINATION
DIFFICULTÉ
ENTHOUSIASME
EXCURSION
JOIE
INHABITUEL

ITINÉRAIRE
NATURE
NAVIGATION
NOUVEAU
OPPORTUNITÉ
DANGEREUX
PRÉPARATION
DÉFIS
SÉCURITÉ

74 - Forme

```
P P C Q M Q G P A A R F W V
Z R O D E U M N I Y Y T N B
R A I L O H Y P E R B O L E
L E N S Y C Y L I N D R E L
I S C B M G U C C P S Z O L
G P E T C E O Ô N Y X J V I
N H R T A W D N W R D Z A P
E È C A R N I E E A R C L S
X R L U R V G Q L M W K E E
B E E T É T A L Q I C U B E
C O U R B E X W E D E K Y P
T R I A N G L E K E C F F Y
L Z S V E O P C Ô T É Y C Y
J F H J O B O R D S D B V O
```

COIN	CÔTÉ
ARC	LIGNE
BORDS	OVALE
CERCLE	PYRAMIDE
CYLINDRE	POLYGONE
CÔNE	PRISME
CUBE	CARRÉ
COURBE	RECTANGLE
ELLIPSE	SPHÈRE
HYPERBOLE	TRIANGLE

75 - Oceano

```
C R A B E P T A R E Q U I N
R R W F T O R T U E Z P G B
H É V Q Y U V B A L E I N E
U P C E Q L C O R A I L U T
Î O T I H P G I W T Q G U E
T N H I F E M G F G C B V M
R G O A L P A É E D K X C P
E E N L Q O R S D L W X R Ê
B T W T H I É B A U G Q E T
V A G U E S E E U S S F V E
Q W T E K S S T P U B E E B
Q K S E W O A Y H X B N T M
E L E D A N G U I L L E T Q
N S L V K U U Z N Q J A E E
```

ANGUILLE
BALEINE
BATEAU
CORAIL
DAUPHIN
CREVETTE
CRABE
MARÉES
MÉDUSE
VAGUES

HUÎTRE
POISSON
POULPE
SEL
RÉCIF
ÉPONGE
REQUIN
TORTUE
TEMPÊTE
THON

76 - Famiglia

```
R N Q F D P F P E S I L Z A
G E N F A N T S A H V G X N
E V H K O P X T O N C L E C
J E N F A N T A T E T K F Ê
E U P A T E R N E L U G C T
Y N M A R I N T G G V R O R
J O F E M M E E F R N A U E
G X C A A H X S I A W N S S
U T I T N U A X L N M D I C
Y B G Z F C X W L D E P N S
M A T E R N E L E M P È R E
M È R E È X E L F È X R D M
Z S P K R B Z V D R U E V K
F H C O E W K S L E L F S A
```

ANCÊTRE
ENFANTS
ENFANT
COUSIN
FILLE
FRÈRE
JUMEAUX
ENFANCE
MÈRE
MARI

MATERNEL
FEMME
NEVEU
GRAND-MÈRE
GRAND-PÈRE
PÈRE
PATERNEL
SOEUR
TANTE
ONCLE

77 - Veicoli

```
V  S  H  T  R  A  I  N  Z  X  D  T  W  U
P  O  B  N  R  L  V  X  A  F  E  R  R  Y
N  N  I  B  C  A  M  I  O  N  T  A  X  I
I  Y  E  T  M  É  T  R  O  O  B  C  C  B
W  Z  O  U  U  T  W  A  M  N  A  T  W  W
S  B  L  X  S  R  E  D  M  O  T  E  U  R
K  H  X  B  B  Y  E  E  A  I  E  U  D  I
F  U  S  É  E  V  L  A  D  B  A  R  V  H
N  Y  C  H  N  P  M  U  B  L  U  G  É  D
M  C  O  B  C  A  R  A  V  A  N  E  L  A
U  S  O  U  S  M  A  R  I  N  U  X  O  J
Y  I  T  S  A  M  B  U  L  A  N  C  E  N
Y  J  E  H  É  L  I  C  O  P  T  È  R  E
R  H  R  T  C  Z  S  H  J  Y  T  L  C  K
```

AVION
AMBULANCE
VOITURE
BUS
BATEAU
VÉLO
CAMION
CARAVANE
HÉLICOPTÈRE
MÉTRO

MOTEUR
PNEUS
FUSÉE
SCOOTER
SOUS-MARIN
TAXI
FERRY
TRACTEUR
TRAIN
RADEAU

78 - Emozioni

```
E N N U I E I J S P T B Z C
M P L M H G I M A T E D R A
B J C U N G J B T R N U S L
A S O S K E B J I I D D R M
R U L I W N Y N S S R É A E
R R È I E T V G F T E T X Q
A P R E L I E F A E S E A P
S R E E X L M Q I S S N C B
S I L X W L I I T S E D U L
É S G C M E I A Q E B U R I
P E W I R S Y M P A T H I E
B A I T M S C O N T E N U D
T E I É P E I U O B I S M I
N S D X X W Q R E C W Y N T
```

AMOUR
CALME
CONTENU
EXCITÉ
GENTILLESSE
JOIE
EMBARRASSÉ
ENNUI
PAIX

PEUR
COLÈRE
DÉTENDU
RELIEF
SYMPATHIE
SATISFAIT
SURPRISE
TENDRESSE
TRISTESSE

79 - Natura

```
B  E  A  U  T  É  U  Q  U  M  F  B  M  A
S  A  N  C  T  U  A  I  R  E  E  R  O  O
S  A  U  V  A  G  E  T  I  O  U  O  N  M
A  N  I  M  A  U  X  É  T  U  I  U  T  U
B  Q  U  Y  F  D  G  R  G  E  L  I  A  P
E  V  I  T  A  L  É  O  F  Z  L  L  G  G
I  R  B  L  K  V  A  S  L  F  A  L  N  L
L  U  B  W  A  B  R  I  E  O  G  A  E  A
L  R  I  L  N  K  C  O  U  R  E  R  S  C
E  Y  K  B  O  C  T  N  V  Ê  T  D  S  I
S  F  L  C  I  T  I  C  E  T  X  T  I  E
D  Y  N  A  M  I  Q  U  E  A  W  U  R  R
S  E  R  E  I  N  U  A  G  E  P  Y  U  D
B  G  J  V  A  B  E  V  O  X  T  X  Z  V
```

ANIMAUX	GLACIER
ABEILLES	MONTAGNES
ARCTIQUE	BROUILLARD
BEAUTÉ	NUAGE
DÉSERT	ABRI
DYNAMIQUE	SANCTUAIRE
ÉROSION	SAUVAGE
FLEUVE	SEREIN
FEUILLAGE	VITAL
FORÊT	

80 - Balletto

```
A R T I S T I Q U E Q F O C
Q I Z U T D Z R Y T H M E H
I O F S Y T A G E S T E C O
G S D T L K Q N V F W B O R
X J L F E B D S S D J D R É
N M U S C L E S I E H M C G
P U B L I C R B N X U G H R
R C O M P O S I T E U R E A
A O G U S H B T E K C A S P
T F F S C O G F N G C C T H
I R B I U W L V S M N I R I
Q A U Q X F O O I N M E E E
U N Y U F J O Q T U F U A U
E Y R E X P W Z É R M X R X
```

ARTISTIQUE

SOLO

DANSEURS

COMPOSITEUR

CHORÉGRAPHIE

GESTE

GRACIEUX

INTENSITÉ

MUSCLES

MUSIQUE

ORCHESTRE

PRATIQUE

PUBLIC

RYTHME

STYLE

81 - Castelli

```
P A N Y E R D O L R Y É C H
R R C H E V A L I E R P O M
I M I D N K H X C M T É U U
N U Z N Y V L G O P F E R R
C R N H C N I R R I O C O O
E E O K I E A U N R R T N Y
S M B Q E Z S S E E T N N A
P A L A I S W S T K E H E U
J S E R S K L I E I R T F M
C A T A P U L T E X E O É E
D R A G O N F I N Y S U O Z
W Y L C H E V A L F S R D H
W K L X B O U C L I E R A B
C V U M W K J U F R M T L I
```

ARMURE	NOBLE
CATAPULTE	PALAIS
CHEVALIER	MUR
CHEVAL	PRINCE
COURONNE	PRINCESSE
DYNASTIE	ROYAUME
DRAGON	BOUCLIER
FÉODAL	ÉPÉE
FORTERESSE	TOUR
EMPIRE	LICORNE

82 - Campionato

```
I  U  F  S  C  Q  Q  A  I  M  C  M  E  T
D  K  G  I  P  J  D  P  S  U  H  O  V  R
S  U  J  L  N  O  Q  H  S  K  A  T  N  A
P  O  I  I  V  A  R  O  V  X  M  I  S  N
X  T  P  G  É  M  L  T  P  T  P  V  E  S
A  G  K  U  Q  C  É  I  S  L  I  A  N  P
J  U  G  E  U  F  P  D  S  K  O  T  T  I
E  I  J  B  I  Z  X  S  A  T  N  I  R  R
U  D  S  S  P  O  Q  M  S  I  E  O  A  A
X  X  O  L  E  Q  G  W  I  K  L  N  Î  T
E  N  D  U  R  A  N  C  E  T  E  L  N  I
H  T  P  E  R  F  O  R  M  A  N  C  E  O
C  H  A  M  P  I  O  N  N  A  T  C  U  N
S  C  S  T  O  U  R  N  O  I  J  K  R  X
```

ENTRAÎNEUR	MOTIVATION
CHAMPIONNAT	PERFORMANCE
CHAMPION	ENDURANCE
FINALISTE	SPORTS
JEUX	ÉQUIPE
JUGE	TRANSPIRATION
LIGUE	TOURNOI
MÉDAILLE	

83 - Foresta Pluviale

```
E  S  P  È  C  E  R  W  R  B  T  A  B  C
U  Y  I  N  S  E  C  T  E  S  P  M  O  L
S  U  R  V  I  E  M  V  S  Q  R  Z  T  I
C  O  M  M  U  N  A  U  T  É  É  P  A  M
N  U  A  G  E  I  M  H  A  M  S  R  N  A
J  S  A  R  X  N  M  H  U  M  E  É  I  T
J  Y  W  E  F  D  I  R  R  X  R  C  Q  M
B  U  M  F  F  I  F  E  A  N  V  I  U  O
Y  G  N  U  X  G  È  S  T  A  A  E  E  U
B  O  A  G  B  È  R  P  I  T  T  U  X  S
F  B  T  E  L  N  E  E  O  U  I  X  Q  S
W  Z  U  W  Z  E  S  C  N  R  O  W  V  E
D  I  V  E  R  S  I  T  É  E  N  Z  J  U
X  X  A  M  P  H  I  B  I  E  N  S  Y  R
```

AMPHIBIENS
BOTANIQUE
CLIMAT
COMMUNAUTÉ
DIVERSITÉ
JUNGLE
INDIGÈNE
INSECTES
MAMMIFÈRES
MOUSSE

NATURE
NUAGE
PRÉSERVATION
PRÉCIEUX
RESTAURATION
REFUGE
RESPECT
SURVIE
ESPÈCE

84 - Edifici

```
O M B S J V C Y M H O P M A
F B F U C G M L U K C Y Q D
G M S P K M C S H A U Q F
H Ô T E L Y A J É Ô B D B P
G A A R R R P Y E P I C H K
U M D M U V P V C I N É M A
É B E A T R A K X T E N T E
C A M R N G R T Q A M X O F
O S S C Q G T S O L Z W U E
L S C H Â T E A U I P Q R R
E A C É H J M E O G R J A M
V D X C O M E Y F O I E V E
U E F G R A N G E U S I N E
E S B Z B T T T H É Â T R E
```

AMBASSADE	MUSÉE
APPARTEMENT	HÔPITAL
CABINE	OBSERVATOIRE
CHÂTEAU	ÉCOLE
CINÉMA	STADE
USINE	SUPERMARCHÉ
FERME	THÉÂTRE
GRANGE	TENTE
HÔTEL	TOUR

85 - Paesi #2

```
L I B É R I A N É P A L K R
I R L A N D E N I G E R I A
B L J W R U S S I E L E M J
E Y H P Z H S Y R I E A Q Q
Y T A L B A N I E F C E O Y
P F H P A K I S T A N M D S
J F P I N D O N É S I E A S
A A J B O W G R È C E X N O
P U M M I P C J A V D I E U
O B H A Ï T I X C T M Q M D
N M R G Ï B F E E T O U A A
B S W V Y Q E U S L U E R N
W U E D B O U G A N D A K D
M U K R A I N E Y Z S C H L
```

ALBANIE
DANEMARK
ETHIOPIE
JAMAÏQUE
JAPON
GRÈCE
HAÏTI
INDONÉSIE
IRLANDE
LAOS

LIBÉRIA
MEXIQUE
NÉPAL
NIGERIA
PAKISTAN
RUSSIE
SYRIE
SOUDAN
UKRAINE
OUGANDA

86 - Tipi di Capelli

```
P  Q  B  U  A  R  D  F  P  S  K  W  W  N
C  O  L  O  R  É  W  M  R  L  O  N  G  F
L  Q  A  V  G  B  D  I  A  I  L  L  I  L
Y  P  N  D  E  C  U  N  N  S  S  E  C  F
G  V  C  P  N  G  P  C  F  S  A  É  H  G
L  W  E  D  T  W  R  E  B  E  I  Y  A  P
C  O  U  R  T  C  P  I  Q  O  N  B  U  Z
É  T  R  E  S  S  É  Z  S  Y  G  O  V  S
B  P  K  M  W  X  W  B  O  U  C  L  E  S
L  E  A  M  A  R  R  O  N  X  F  C  L  I
O  V  T  I  N  T  O  D  O  U  X  B  L  E
N  K  T  S  S  U  G  A  I  U  B  J  J  Y
D  T  R  E  S  S  E  S  R  H  F  V  S  K
B  K  M  L  L  M  L  J  C  R  O  G  M  Q
```

ARGENT	LONG
SEC	MARRON
BLANC	DOUX
BLOND	NOIR
COURT	FRISÉ
CHAUVE	BOUCLES
COLORÉ	SAIN
GRIS	MINCE
TRESSÉ	ÉPAIS
LISSE	TRESSES

87 - Vestiti

```
G  B  R  A  C  E  L  E  T  M  X  C  N  G
P  A  J  J  M  T  Z  H  K  H  H  H  B  D
J  V  N  T  D  A  X  A  W  O  U  A  M  C
N  C  A  T  N  T  N  H  B  K  A  U  O  H
K  Q  F  S  S  O  T  T  C  W  V  S  D  E
J  U  P  E  D  J  F  J  E  A  N  S  E  M
C  H  E  M  I  S  I  E  R  A  X  U  W  I
I  H  J  C  L  C  E  I  N  T  U  R  E  S
J  H  A  T  A  B  L  I  E  R  Q  E  O  E
P  K  F  P  Y  J  A  M  A  R  O  B  E  A
L  G  O  V  E  S  T  E  A  P  U  L  L  I
G  A  H  E  P  A  N  T  A  L  O  N  T  Q
L  E  A  M  X  P  U  C  O  L  L  I  E  R
S  A  N  D  A  L  E  S  T  V  R  O  C  U
```

ROBE	TABLIER
BRACELET	GANTS
CHEMISIER	JEANS
CHEMISE	PULL
CHAPEAU	MODE
MANTEAU	PANTALON
CEINTURE	PYJAMA
COLLIER	SANDALES
VESTE	CHAUSSURE
JUPE	

88 - Attività e Tempo Libero

```
V  H  R  M  C  Q  L  N  Y  B  J  B  P  G
J  O  E  N  A  P  Y  A  F  A  O  A  A  V
A  R  L  O  N  B  K  G  O  S  H  S  S  F
R  T  A  L  B  O  X  E  O  E  F  K  S  B
D  F  X  N  E  X  W  R  T  B  F  E  E  G
I  C  A  C  D  Y  A  P  B  A  R  T  T  L
N  E  N  A  U  O  B  S  A  L  A  B  E  T
A  P  T  M  O  P  N  A  L  L  C  A  M  V
G  L  E  P  V  J  M  N  L  C  H  L  P  V
E  O  N  I  Ê  P  D  L  É  L  A  L  S  O
J  N  N  Q  C  Q  D  A  E  T  L  G  Y
A  G  I  G  F  W  H  Z  K  V  S  K  O  A
K  É  S  R  R  V  P  E  V  C  M  S  L  G
P  E  I  N  T  U  R  E  B  S  U  R  F  E
```

ART	PLONGÉE
BASE-BALL	NAGER
BASKET-BALL	VOLLEY-BALL
BOXE	PÊCHE
FOOTBALL	PEINTURE
CAMPING	RELAXANT
RANDONNÉE	ACHATS
JARDINAGE	SURF
GOLF	TENNIS
PASSE-TEMPS	VOYAGE

89 - Tecnologia

```
G  I  J  A  X  Y  C  U  R  S  E  U  R  C
V  I  R  U  S  I  M  V  I  R  T  U  E  L
O  R  D  I  N  A  T  E  U  R  X  P  C  H
E  P  K  C  H  E  P  S  O  L  R  W  H  N
A  K  E  F  N  U  M  É  R  I  Q  U  E  A
G  K  F  I  K  S  Y  A  A  I  L  V  R  V
M  F  Y  C  A  M  É  R  A  N  O  K  C  I
R  H  R  H  J  N  W  C  G  T  G  X  H  G
P  O  L  I  C  E  U  R  U  E  I  J  E  A
B  C  M  E  S  S  A  G  E  R  C  N  X  T
L  T  V  R  É  C  R  A  N  N  I  U  E  E
O  E  S  B  D  A  R  M  N  E  E  T  F  U
G  T  D  O  N  N  É  E  S  T  L  D  É  R
R  S  T  A  T  I  S  T  I  Q  U  E  S  D
```

BLOG	MESSAGE
NAVIGATEUR	RECHERCHE
OCTETS	ÉCRAN
ORDINATEUR	SÉCURITÉ
CURSEUR	LOGICIEL
DONNÉES	STATISTIQUES
NUMÉRIQUE	CAMÉRA
FICHIER	VIRTUEL
POLICE	VIRUS
INTERNET	

90 - Arte

```
V W T Y S H H C H Q O D B Q
E M S V U U P O É S I E Q U
V X M C J M K M N M P P I V
W F P É E E W P H N S I D I
W Y Q R T U L L T B Ê F N S
X O U A E R R E I U V T Z U
F R C M P S T X Q G G E E E
E I Y I O I S E Y T W V Y L
W G G Q N M Q I N S P I R É
A I B U A P N Q O C H A Y R
N N V E R L K D H N R N V M
K A P O J E S Y M B O L E M
R L T L Q C R É E R F B N U
P E R S O N N E L X T U E Q
```

CÉRAMIQUE   PERSONNEL
COMPLEXE   POÉSIE
CRÉER   SIMPLE
EXPRESSION   SYMBOLE
FIGURE   SUJET
INSPIRÉ   HUMEUR
HONNÊTE   VISUEL
ORIGINAL

91 - Meteo

```
O  W  T  F  B  F  A  M  R  O  V  U  V  R
U  O  O  H  R  O  T  O  N  N  E  R  R  E
R  P  R  G  I  D  M  U  W  C  N  J  K  C
A  L  N  B  I  V  O  S  É  P  T  B  H  L
G  B  A  R  E  O  S  S  C  W  O  A  K  I
A  R  D  Q  B  B  P  O  L  A  I  R  E  M
N  O  E  S  T  R  H  N  A  A  X  J  O  A
N  U  A  G  E  I  È  C  I  P  X  S  K  T
L  I  K  L  M  S  R  X  R  B  F  X  U  J
N  L  G  A  P  E  E  Z  E  M  Z  R  K  D
W  L  H  C  Ê  W  R  C  B  D  R  V  Z  H
A  A  S  E  T  A  R  C  E  N  C  I  E  L
B  R  N  D  E  C  I  E  L  I  I  F  L  P
I  D  S  É  C  H  E  R  E  S  S  E  E  M
```

ARC-EN-CIEL
SEC
ATMOSPHÈRE
BRISE
CIEL
CLIMAT
ÉCLAIR
GLACE
MOUSSON

BROUILLARD
NUAGE
POLAIRE
SÉCHERESSE
TEMPÊTE
TORNADE
TONNERRE
OURAGAN
VENT

92 - Corpo Umano

```
N D P S R R S B B B R K T É
T N K U X I K O E I L Y J P
P U V R N F O U K M V S T A
G S A N G H U C O U O R Ê U
M E N T O N P H Y N J H T L
W Z N Q T C H E V I L L E E
O F D O I G T K A F H A W O
C L G T U B R M Q U O T X R
O E J A M B E A V I S A G E
U T R C H G G I O X K M L I
D W Q V N E Z N M G Y D G L
E P L S E S T O M A C I A L
C Œ U R L A K P R J M D A E
I H E I X F U C S N A S W S
```

BOUCHE
CHEVILLE
CERVEAU
COU
CŒUR
DOIGT
VISAGE
JAMBE
GENOU
COUDE

MAIN
MENTON
NEZ
OEIL
OREILLE
PEAU
SANG
ÉPAULE
ESTOMAC
TÊTE

93 - Mammiferi

```
S E X H K E G M D J W M D B
B I L O U P Z A N J C H A T
B C N W K G Z E L V O S U A
A E C G É L É P H A N T P U
L R H O E Q X I P O P H H R
E F I R M O U T O N C I I E
I S E I E O R Z D C O U N A
N W N L U N B È H X Y V S U
E L B L C Q A B N K O S S F
I I Q E D A A R G O T V I E
I O U R S P T E D T E A R T
U N F J B K A N G O U R O U
G I R A F E C H E V A L S Q
V Q B W R W Y H T F W O C L
```

BALEINE
CHIEN
KANGOUROU
CHEVAL
CERF
LAPIN
COYOTE
DAUPHIN
ÉLÉPHANT
CHAT

GIRAFE
GORILLE
LION
LOUP
OURS
MOUTON
SINGE
TAUREAU
RENARD
ZÈBRE

94 - Arrampicata

```
M  G  Z  R  B  L  E  S  S  U  R  E  N  A
R  A  N  D  O  N  N  É  E  C  S  D  S  R
T  N  E  É  T  R  O  I  T  X  A  J  M  E
A  T  A  L  T  I  T  U  D  E  P  R  V  K
H  S  I  I  E  M  W  D  G  O  P  E  T  A
D  É  F  I  S  E  J  I  U  C  H  F  R  E
I  Q  G  Y  G  X  G  S  I  A  Y  O  S  T
X  A  F  T  Z  G  C  B  D  S  S  R  L  E
F  U  B  B  F  O  R  C  E  Q  I  M  W  R
G  F  U  B  M  M  T  O  S  U  Q  A  Z  R
P  D  N  P  O  B  N  X  T  E  U  T  R  A
C  U  R  I  O  S  I  T  É  T  E  I  A  I
D  A  T  M  O  S  P  H  È  R  E  O  H  N
S  T  A  B  I  L  I  T  É  I  Z  N  D  L
```

ALTITUDE	GANTS
ATMOSPHÈRE	GUIDES
CASQUE	BLESSURE
CURIOSITÉ	CARTE
RANDONNÉE	DÉFIS
EXPERT	STABILITÉ
PHYSIQUE	BOTTES
FORMATION	ÉTROIT
FORCE	TERRAIN
GROTTE	

95 - Animali Domestici

```
B L V V A U L V B N J T N G
K J B T R M A É L W O H O X
A P Y U H O P T Z C X E U P
I M C P C Z I É C H È V R E
L A I S S E N R H I W C R R
L É Z A R D X I I E K H I R
G X R T J Q A N O N S A T O
H E N O L A M A T C O T U Q
A A Q V A L L I P O U O R U
M U C U A J E R A L R N E E
S Q H N E C C E T L I T R T
T R A G C U H Q T I S V U Q
E X T N A O E E E E P Y N E
R P O I S S O N S R X T V F
```

EAU
CHIEN
CHÈVRE
NOURRITURE
QUEUE
COLLIER
LAPIN
HAMSTER
CHIOT
CHATON

CHAT
LAISSE
LÉZARD
VACHE
PERROQUET
POISSON
TORTUE
SOURIS
VÉTÉRINAIRE
PATTES

96 - Cucina

```
A Y K D P R S B V B M F S N
Q F F N O P B L O U C H E R
Y D O O T B B V R L R T R É
B A G U E T T E S G U A V F
C O A R R C É T B R C S I R
E O T R R S P A O I H S E I
N Y U I E D O B U L E E T G
J L X T C K N L I A A S T É
I Z K U E J G I L C P B E R
G J Y R T A E E L F B M Q A
U Z W E T N U R O B Q Y C T
É P I C E S K X I F A Y T E
U B C U I L L È R E S C V U
C O N G É L A T E U R L P R
```

BAGUETTES
BOUILLOIRE
CRUCHE
NOURRITURE
BOL
COUTEAUX
CONGÉLATEUR
CUILLÈRES
FOUR
RÉFRIGÉRATEUR

TABLIER
GRIL
LOUCHE
RECETTE
ÉPICES
ÉPONGE
TASSES
SERVIETTE
POT

97 - Vacanze #2

```
P P R V M H Y E C Y B P V D
A V E Y Q O F S Q Q O L A C
S I S P U H L Q Y O É A C Y
S S T B H L S C T D T G A A
E A A F V O Y A G E R E N Î
P J U I L I T Y N S A M C L
O B R D C S E O G T N E E E
R C A M P I N G S I G R S W
T Q N C A R T E D N E G K A
H Ô T E L E E B T A R A G P
T R A N S P O R T T T P I P
G A É R O P O R T I J A I Q
J Q X T R A I N J O R C Q V
K E H I K A I F X N C T J U
```

AÉROPORT
CAMPING
DESTINATION
PHOTOS
HÔTEL
ÎLE
CARTE
MER
PASSEPORT
RESTAURANT

PLAGE
ÉTRANGER
TAXI
LOISIR
TENTE
TRANSPORT
TRAIN
VACANCES
VOYAGE
VISA

98 - Attività

```
P U Z Z L E S M P I C E S W
E L P J W U C C H Y T Q J D
L C A M P I N G O M S O L Z
O É C I X L E C T U R E G M
I R T R S I J M O P T R B A
S A I I G I A E G H R U A G
I M V D D R R J R D A C R I
R I I V W M D V A A N H T E
I Q T C V H I P P N D A I L
J U É M Z H N Ê H S O S S Q
Q E T O T N A C I E N S A D
P T U O V H G H E X N E N M
A R T X F I E E Y B É M A I
C O M P É T E N C E E N T A
```

COMPÉTENCE
ART
ARTISANAT
ACTIVITÉ
CHASSE
CAMPING
CÉRAMIQUE
COUTURE
DANSE
RANDONNÉE

PHOTOGRAPHIE
JARDINAGE
JEUX
LECTURE
MAGIE
PÊCHE
PLAISIR
PUZZLES
LOISIR

99 - Forniture Artistiche

```
C V B H R C I D F S O A P P
H T R E R H E D H Z A C A A
A G O M M E U B É N E R P S
R A S H R V K I V E O Y I T
B R S E C A T K L C S L E E
O G E B J L Z A S E K I R L
N I S Z N E A U B M J Q C S
O L C W L T X C R L P U A S
I E K C R A Y O N S E E M G
Y D P H S P D L Y E P E É V
A Q U A R E L L E S U S R N
I K E I A G L E N C R E A I
K E R S C O U L E U R S K L
K N L E C R É A T I V I T É
```

EAU
AQUARELLES
ACRYLIQUE
ARGILE
CHARBON
PAPIER
CHEVALET
COLLE
COULEURS
CRÉATIVITÉ

GOMME
IDÉES
ENCRE
CRAYONS
HUILE
PASTELS
CHAISE
BROSSES
TABLE
CAMÉRA

100 - Misurazioni

```
K  P  T  Q  L  O  N  G  U  E  U  R  D  Z
I  O  M  I  N  U  T  E  K  S  L  O  É  L
L  I  C  E  N  T  I  M  È  T  R  E  C  D
O  D  E  G  R  É  M  Z  H  O  N  H  I  K
M  S  Y  R  O  Q  J  È  K  H  D  H  M  I
È  J  P  A  Z  L  V  R  T  C  V  A  A  L
T  Y  I  M  P  B  T  Z  U  R  L  U  L  O
R  I  N  M  S  O  N  C  E  E  E  T  K  G
E  P  T  E  G  V  U  L  A  R  G  E  U  R
M  P  E  O  X  F  W  C  T  T  T  U  K  A
V  H  M  V  N  H  P  W  E  N  W  R  T  M
I  G  X  N  J  N  V  O  L  U  M  E  F  M
O  C  T  E  T  T  E  L  I  T  R  E  C  E
P  R  O  F  O  N  D  E  U  R  P  N  H  X
```

HAUTEUR
OCTET
CENTIMÈTRE
KILOGRAMME
KILOMÈTRE
DÉCIMAL
DEGRÉ
GRAMME
LARGEUR
LITRE

LONGUEUR
MÈTRE
MINUTE
ONCE
POIDS
PINTE
POUCE
PROFONDEUR
TONNE
VOLUME

1 - Scacchi

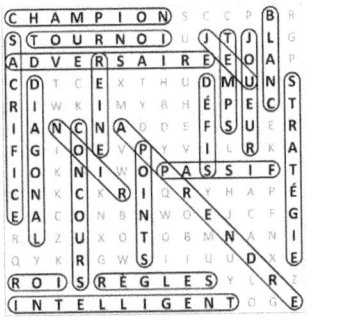

2 - Aggettivi #2

3 - Mobili

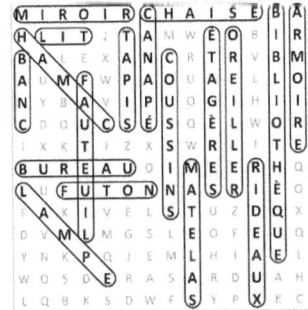

4 - Pesca

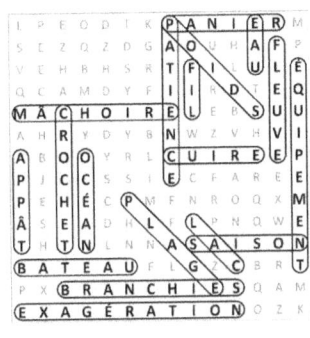

5 - Aggettivi #1

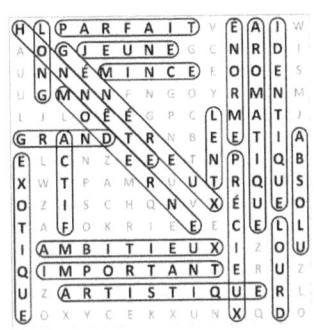

6 - Geologia

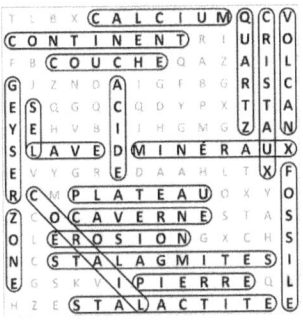

7 - Campeggio

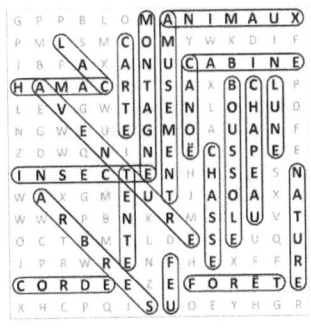

8 - Arti Visive

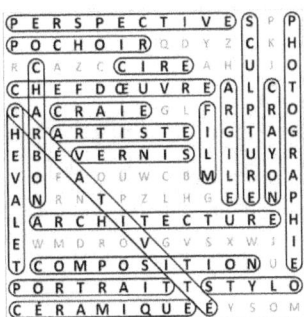

9 - Esplorazione

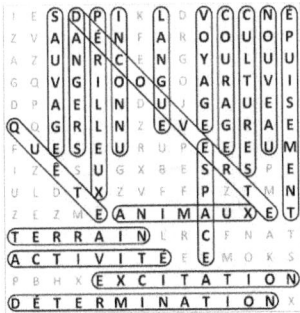

10 - Tempo

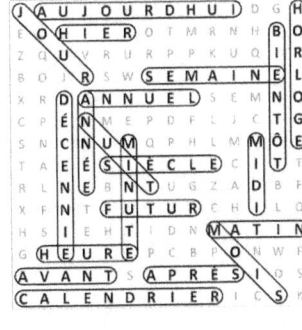

11 - Astronomia

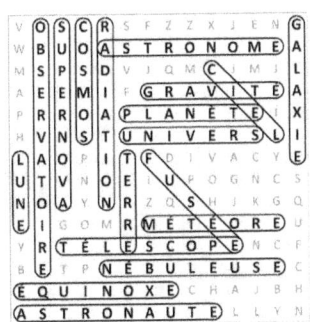

12 - Circo

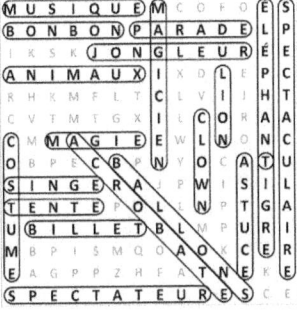

13 - Mitologia

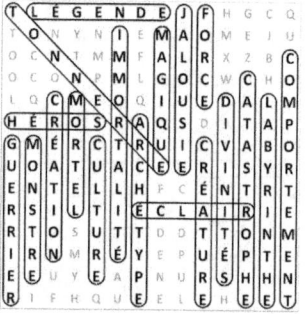

14 - Piante

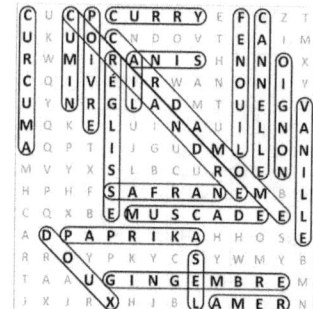

15 - Spezie

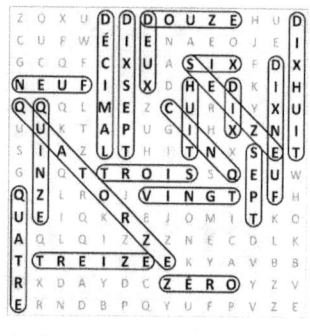

16 - Numeri

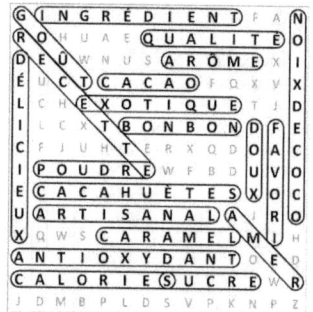

17 - Cioccolato

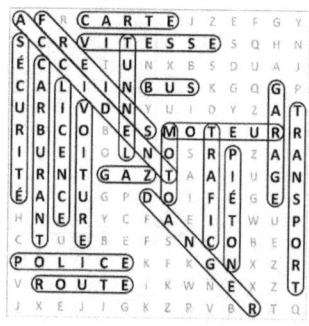

18 - Guida

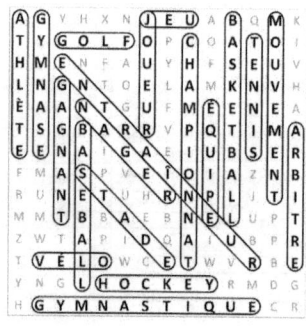

19 - Sport

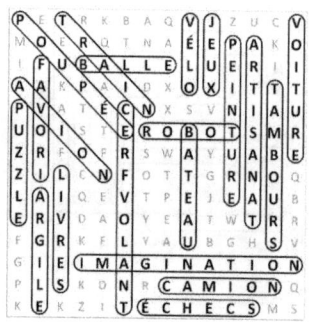

20 - Giocattoli

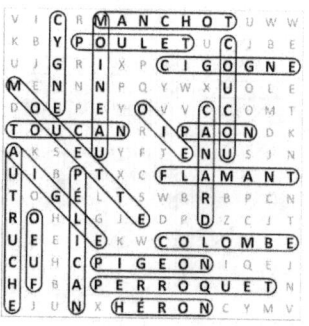

21 - Uccelli

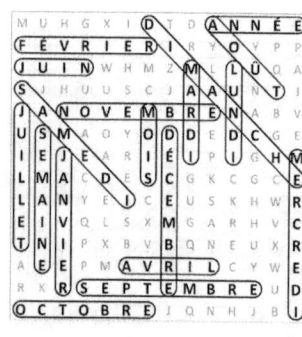

22 - Giorni e Mesi

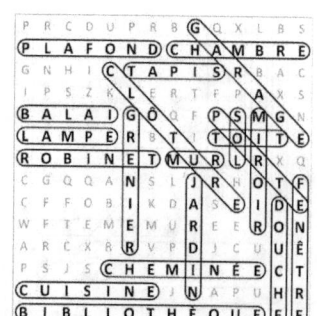

23 - Casa

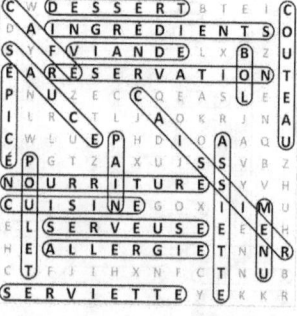

24 - Ristorante #1

25 - Fantascienza

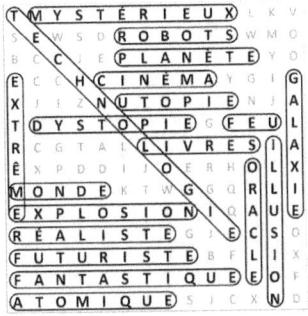

26 - Città

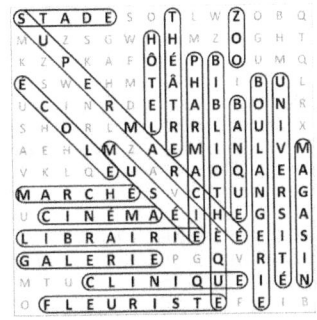

27 - Virtù #1

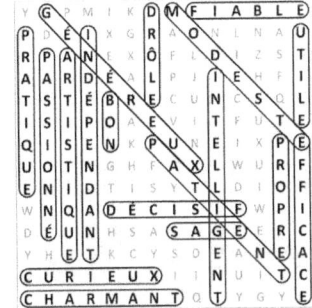

28 - Compleanno

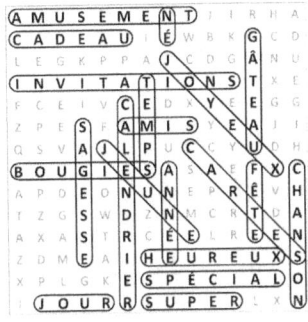

29 - Fattoria #1

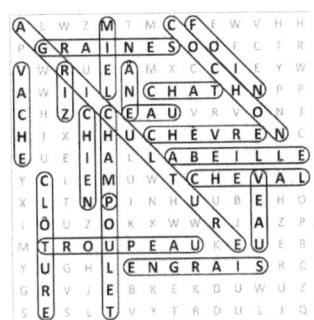

30 - Paesaggi

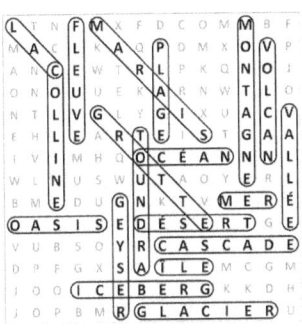

31 - Ristorante #2

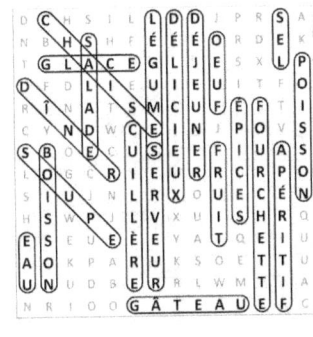

32 - Giardino

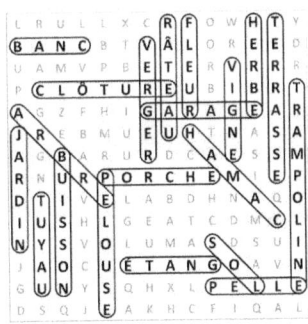

33 - Frutta

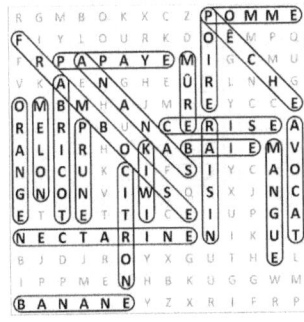

34 - Fattoria #2

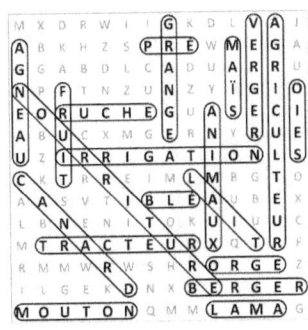

35 - Dinosauri

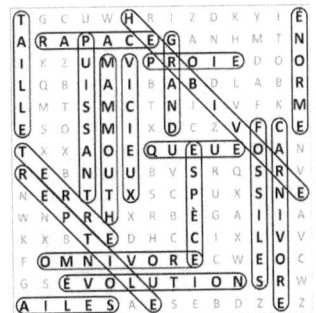

36 - Verdure

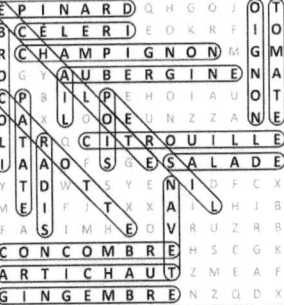

37 - Scuola #2

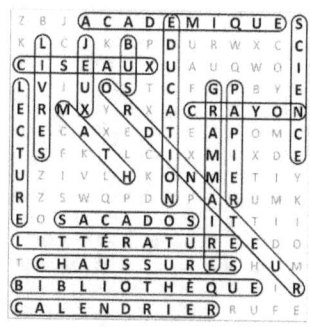

38 - Gentilezza

39 - Barbecue

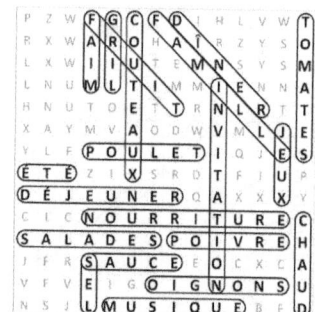

40 - Riempire

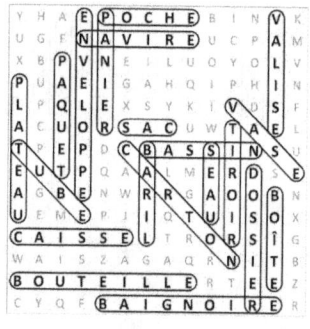

41 - Insetti

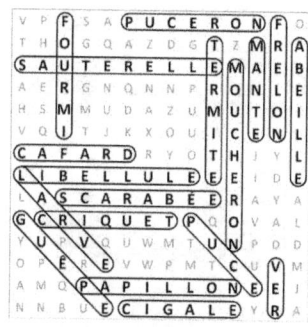

42 - Erboristeria

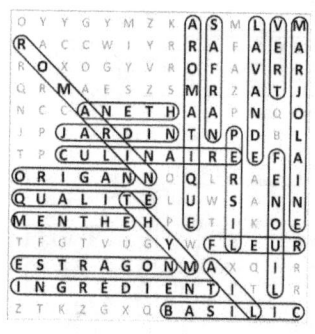

43 - Danza

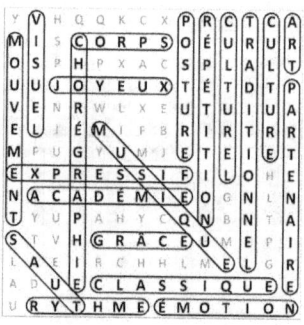

44 - Scuola #1

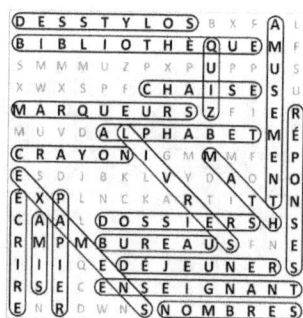

45 - Fiori

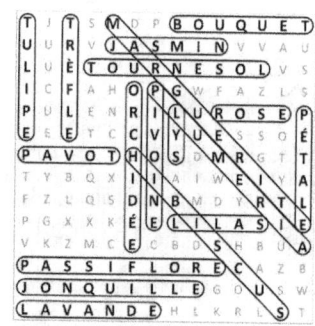

46 - Ecologia

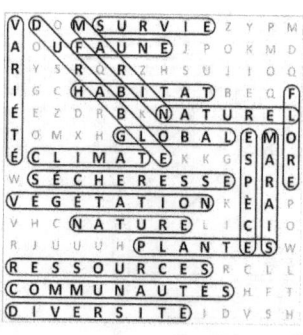

47 - Discipline Scientifiche

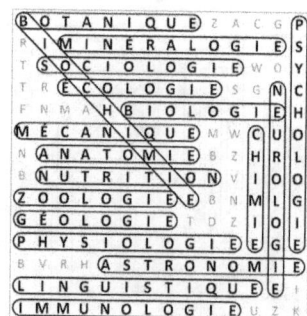

48 - Scienza

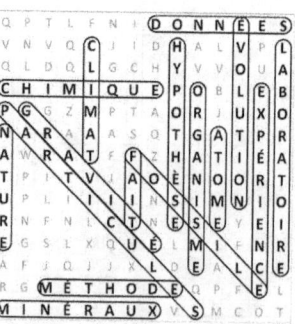

49 - Acqua

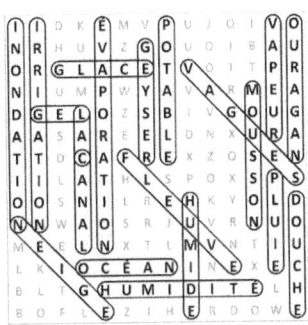

50 - Gatti

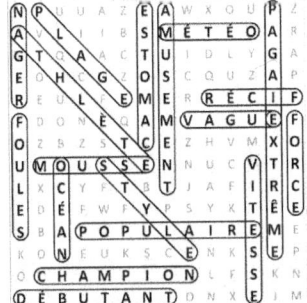

51 - Surf

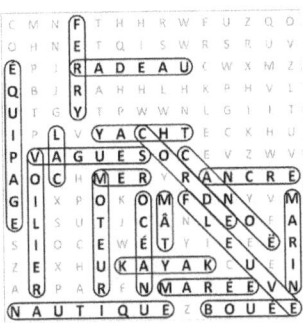

52 - Imbarcazioni

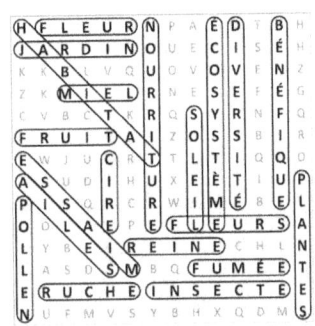

53 - Api

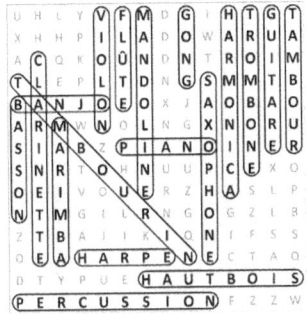

54 - Strumenti Musicali

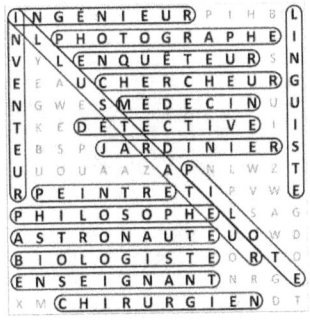

55 - Professioni #2

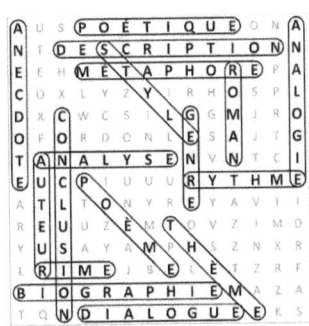

56 - Letteratura

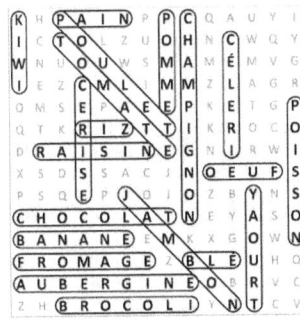

57 - Cibo #2

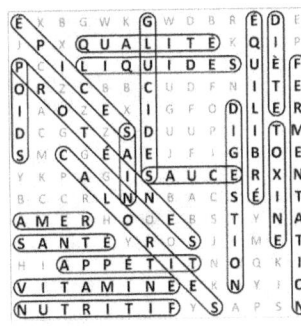

58 - Nutrizione

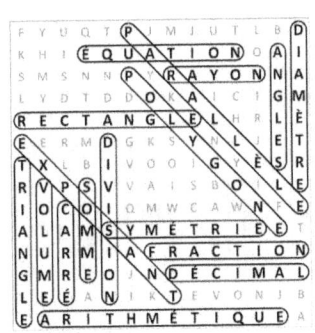

59 - Matematica

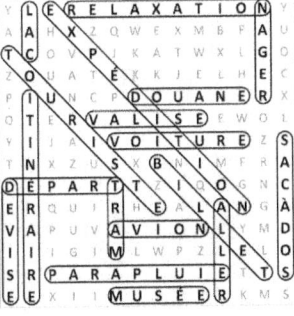

60 - Vacanza #1

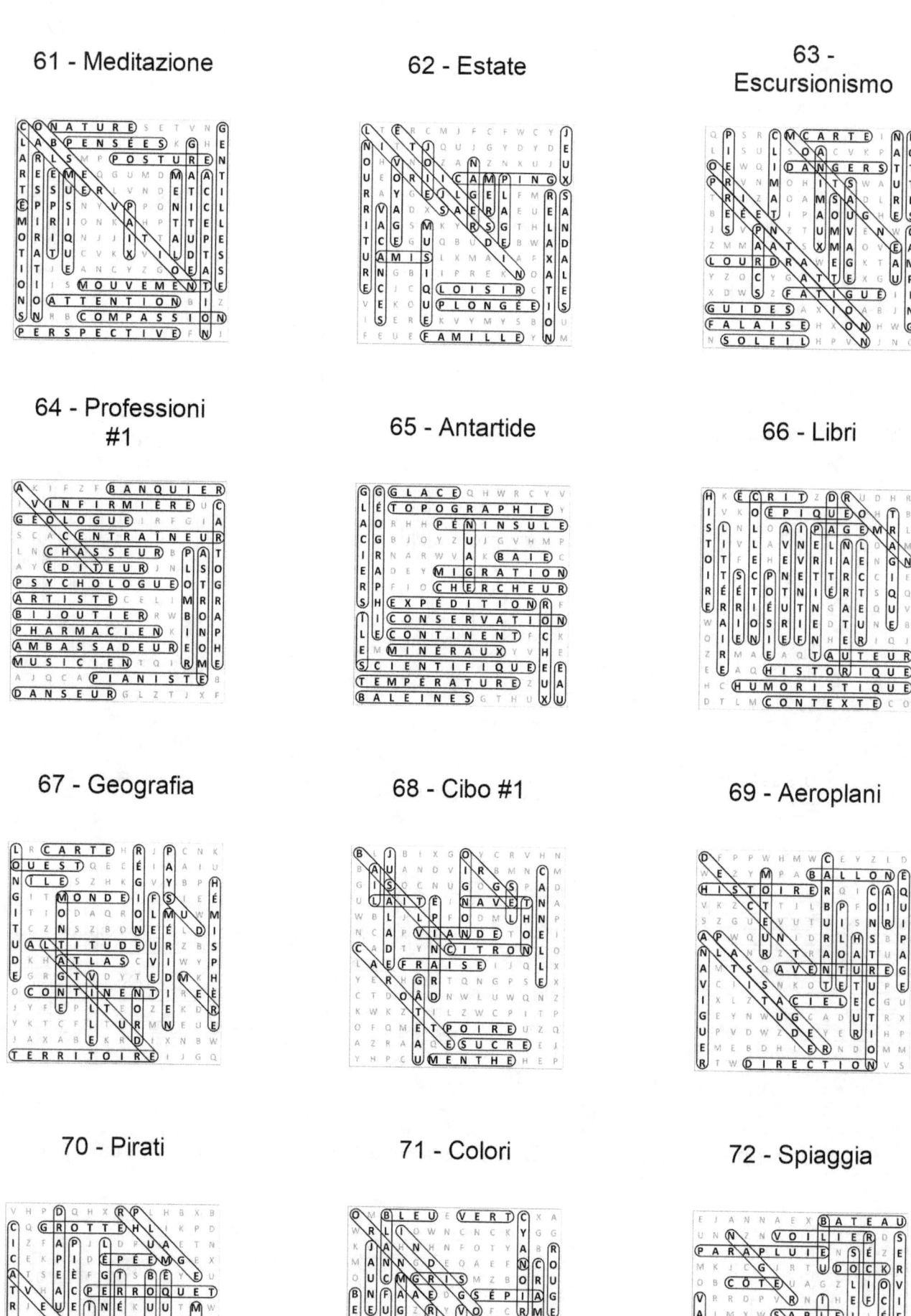

61 - Meditazione

62 - Estate

63 - Escursionismo

64 - Professioni #1

65 - Antartide

66 - Libri

67 - Geografia

68 - Cibo #1

69 - Aeroplani

70 - Pirati

71 - Colori

72 - Spiaggia

73 - Avventura

74 - Forme

75 - Oceano

76 - Famiglia

77 - Veicoli

78 - Emozioni

79 - Natura

80 - Balletto

81 - Castelli

82 - Campionato

83 - Foresta Pluviale

84 - Edifici

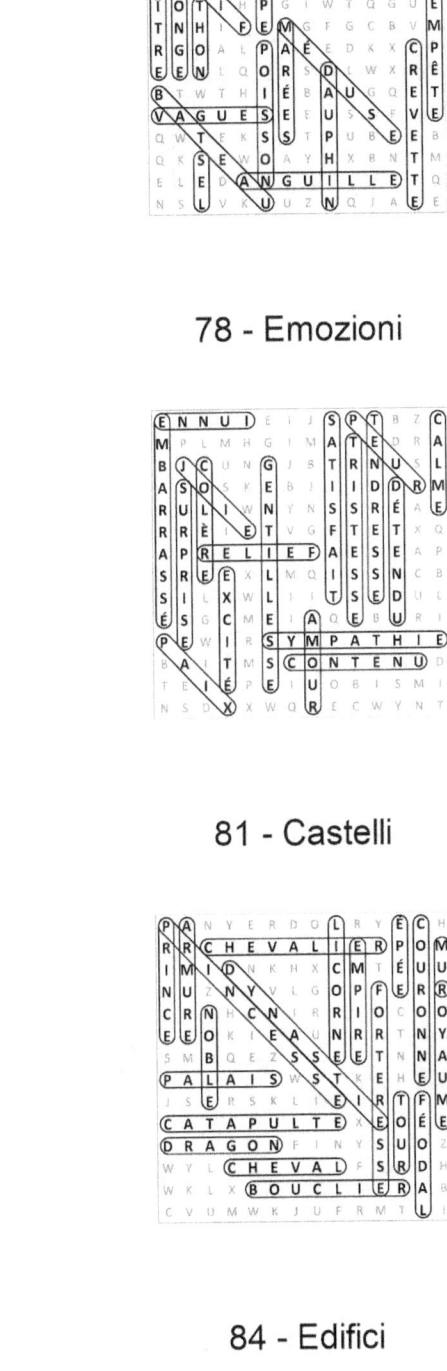

85 - Paesi #2

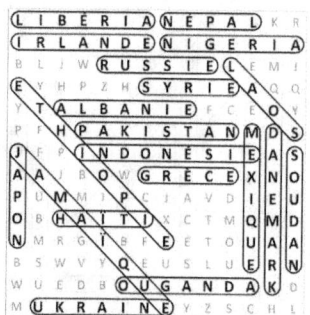

86 - Tipi di Capelli

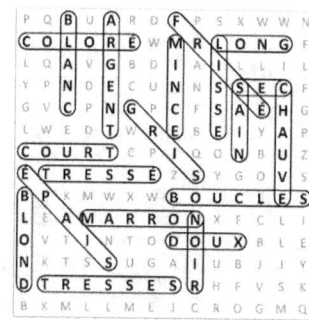

87 - Vestiti

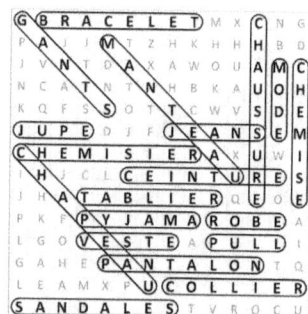

88 - Attività e Tempo Libero

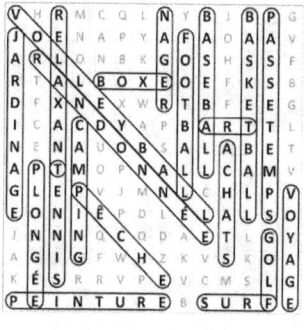

89 - Tecnologia

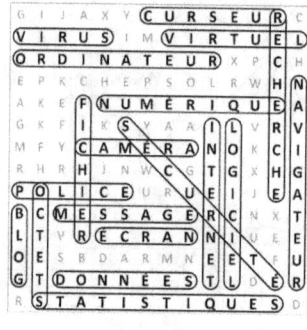

90 - Arte

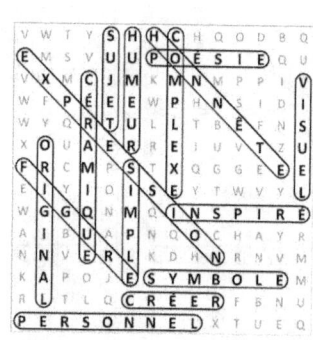

91 - Meteo

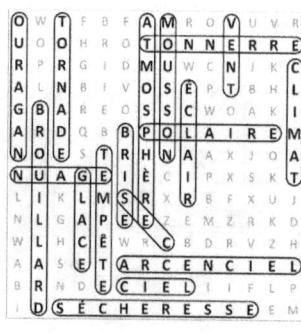

92 - Corpo Umano

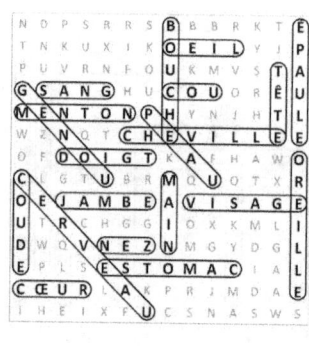

93 - Mammiferi

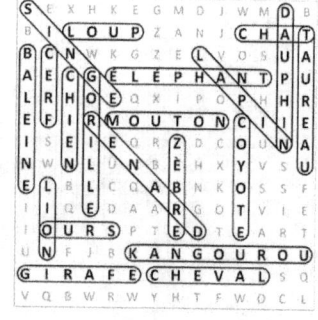

94 - Arrampicata

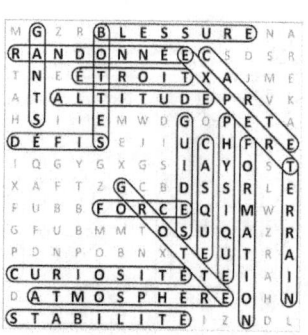

95 - Animali Domestici

96 - Cucina

97 - Vacanze #2

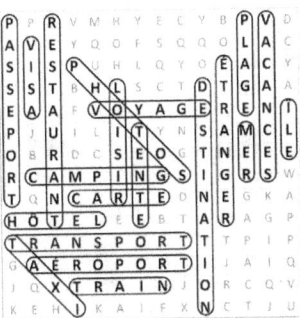

98 - Attività

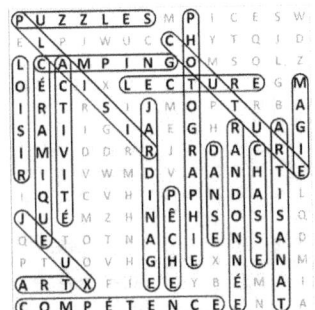

99 - Forniture Artistiche

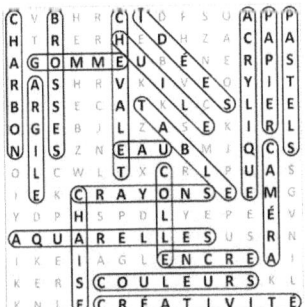

100 - Misurazioni

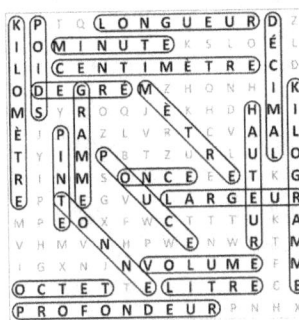

Dizionario

Acqua
Eau

Alluvione	Inondation
Canale	Canal
Doccia	Douche
Evaporazione	Évaporation
Fiume	Fleuve
Gelo	Gel
Geyser	Geyser
Ghiaccio	Glace
Irrigazione	Irrigation
Lago	Lac
Monsone	Mousson
Neve	Neige
Oceano	Océan
Onde	Vagues
Pioggia	Pluie
Potabile	Potable
Umidità	Humidité
Umido	Humide
Uragano	Ouragan
Vapore	Vapeur

Aeroplani
Avions

Altezza	Hauteur
Altitudine	Altitude
Aria	Air
Atmosfera	Atmosphère
Atterraggio	Atterrissage
Avventura	Aventure
Carburante	Carburant
Cielo	Ciel
Costruzione	Construction
Direzione	Direction
Discesa	Descente
Equipaggio	Équipage
Idrogeno	Hydrogène
Motore	Moteur
Navigare	Naviguer
Palloncino	Ballon
Passeggero	Passager
Pilota	Pilote
Storia	Histoire
Turbolenza	Turbulence

Aggettivi #1
Adjectifs #1

Ambizioso	Ambitieux
Aromatico	Aromatique
Artistico	Artistique
Assoluto	Absolu
Attivo	Actif
Enorme	Énorme
Esotico	Exotique
Generoso	Généreux
Giovane	Jeune
Grande	Grand
Identico	Identique
Importante	Important
Lento	Lent
Lungo	Long
Moderno	Moderne
Onesto	Honnête
Perfetto	Parfait
Pesante	Lourd
Prezioso	Précieux
Sottile	Mince

Aggettivi #2
Adjectifs #2

Affamato	Faim
Asciutto	Sec
Autentico	Authentique
Creativo	Créatif
Descrittivo	Descriptif
Dolce	Doux
Drammatico	Dramatique
Elegante	Élégant
Famoso	Célèbre
Forte	Fort
Interessante	Intéressant
Naturale	Naturel
Normale	Normal
Nuovo	Nouveau
Orgoglioso	Fier
Produttivo	Productif
Puro	Pur
Responsabile	Responsable
Salato	Salé
Sano	Sain

Animali Domestici
Animaux de Compagnie

Acqua	Eau
Cane	Chien
Capra	Chèvre
Cibo	Nourriture
Coda	Queue
Collare	Collier
Coniglio	Lapin
Criceto	Hamster
Cucciolo	Chiot
Gattino	Chaton
Gatto	Chat
Guinzaglio	Laisse
Lucertola	Lézard
Mucca	Vache
Pappagallo	Perroquet
Pesce	Poisson
Tartaruga	Tortue
Topo	Souris
Veterinario	Vétérinaire
Zampe	Pattes

Antartide
Antarctique

Acqua	Eau
Ambiente	Environnement
Baia	Baie
Balene	Baleines
Conservazione	Conservation
Continente	Continent
Geografia	Géographie
Ghiacciai	Glaciers
Ghiaccio	Glace
Isole	Îles
Migrazione	Migration
Minerali	Minéraux
Nuvole	Nuage
Penisola	Péninsule
Ricercatore	Chercheur
Roccioso	Rocheux
Scientifico	Scientifique
Spedizione	Expédition
Temperatura	Température
Topografia	Topographie

Api
Les Abeilles

Ali	Ailes
Alveare	Ruche
Benefico	Bénéfique
Cera	Cire
Cibo	Nourriture
Diversità	Diversité
Ecosistema	Écosystème
Fiori	Fleurs
Fiorire	Fleur
Frutta	Fruit
Fumo	Fumée
Giardino	Jardin
Habitat	Habitat
Insetto	Insecte
Miele	Miel
Piante	Plantes
Polline	Pollen
Regina	Reine
Sciame	Essaim
Sole	Soleil

Arrampicata
Escalade

Altitudine	Altitude
Atmosfera	Atmosphère
Casco	Casque
Curiosità	Curiosité
Escursioni	Randonnée
Esperto	Expert
Fisico	Physique
Formazione	Formation
Forza	Force
Grotta	Grotte
Guanti	Gants
Guide	Guides
Lesione	Blessure
Mappa	Carte
Sfide	Défis
Stabilità	Stabilité
Stivali	Bottes
Stretto	Étroit
Terreno	Terrain

Arte
Art

Ceramica	Céramique
Complesso	Complexe
Composizione	Composition
Creare	Créer
Dipinti	Peintures
Espressione	Expression
Figura	Figure
Ispirato	Inspiré
Onesto	Honnête
Originale	Original
Personale	Personnel
Poesia	Poésie
Ritrarre	Dépeindre
Scultura	Sculpture
Semplice	Simple
Simbolo	Symbole
Soggetto	Sujet
Surrealismo	Surréalisme
Umore	Humeur
Visivo	Visuel

Arti Visive
Arts Visuels

Architettura	Architecture
Argilla	Argile
Artista	Artiste
Capolavoro	Chef-D'Œuvre
Carbone	Charbon
Cavalletto	Chevalet
Cera	Cire
Ceramica	Céramique
Composizione	Composition
Creatività	Créativité
Film	Film
Fotografia	Photographie
Gesso	Craie
Matita	Crayon
Penna	Stylo
Prospettiva	Perspective
Ritratto	Portrait
Scultura	Sculpture
Stampino	Pochoir
Vernice	Vernis

Astronomia
Astronomie

Asteroide	Astéroïde
Astronauta	Astronaute
Astronomo	Astronome
Cielo	Ciel
Cosmo	Cosmos
Costellazione	Constellation
Equinozio	Équinoxe
Galassia	Galaxie
Gravità	Gravité
Luna	Lune
Meteora	Météore
Nebulosa	Nébuleuse
Osservatorio	Observatoire
Pianeta	Planète
Radiazione	Radiation
Razzo	Fusée
Supernova	Supernova
Telescopio	Télescope
Terra	Terre
Universo	Univers

Attività
Activités

Abilità	Compétence
Arte	Art
Artigianato	Artisanat
Attività	Activité
Caccia	Chasse
Campeggio	Camping
Ceramica	Céramique
Cucire	Couture
Danza	Danse
Escursioni	Randonnée
Fotografia	Photographie
Giardinaggio	Jardinage
Giochi	Jeux
Lettura	Lecture
Magia	Magie
Pesca	Pêche
Piacere	Plaisir
Puzzle	Puzzles
Rilassamento	Relaxation
Tempo Libero	Loisir

Attività e Tempo Libero
Activités et Loisirs

Arte	Art
Baseball	Base-Ball
Basket	Basket-Ball
Boxe	Boxe
Calcio	Football
Campeggio	Camping
Escursioni	Randonnée
Giardinaggio	Jardinage
Golf	Golf
Hobby	Passe-Temps
Immersione	Plongée
Nuoto	Nager
Pallavolo	Volley-Ball
Pesca	Pêche
Pittura	Peinture
Rilassante	Relaxant
Shopping	Achats
Surf	Surf
Tennis	Tennis
Viaggio	Voyage

Avventura
Aventure

Amici	Amis
Attività	Activité
Bellezza	Beauté
Coraggio	Bravoure
Destinazione	Destination
Difficoltà	Difficulté
Entusiasmo	Enthousiasme
Escursione	Excursion
Gioia	Joie
Insolito	Inhabituel
Itinerario	Itinéraire
Natura	Nature
Navigazione	Navigation
Nuovo	Nouveau
Opportunità	Opportunité
Pericoloso	Dangereux
Preparazione	Préparation
Sfide	Défis
Sicurezza	Sécurité
Viaggi	Voyages

Balletto
Ballet

Abilità	Compétence
Artistico	Artistique
Assolo	Solo
Ballerina	Ballerine
Ballerini	Danseurs
Compositore	Compositeur
Coreografia	Chorégraphie
Espressivo	Expressif
Gesto	Geste
Grazioso	Gracieux
Intensità	Intensité
Muscoli	Muscles
Musica	Musique
Orchestra	Orchestre
Pratica	Pratique
Prova	Répétition
Pubblico	Public
Ritmo	Rythme
Stile	Style
Tecnica	Technique

Barbecue
Barbecues

Caldo	Chaud
Cena	Dîner
Cibo	Nourriture
Cipolle	Oignons
Coltelli	Couteaux
Estate	Été
Fame	Faim
Famiglia	Famille
Frutta	Fruit
Giochi	Jeux
Griglia	Gril
Insalate	Salades
Invito	Invitation
Musica	Musique
Pepe	Poivre
Pollo	Poulet
Pomodori	Tomates
Pranzo	Déjeuner
Sale	Sel
Salsa	Sauce

Campeggio
Camping

Alberi	Arbres
Amaca	Hamac
Animali	Animaux
Avventura	Aventure
Bussola	Boussole
Cabina	Cabine
Caccia	Chasse
Canoa	Canoë
Cappello	Chapeau
Corda	Corde
Divertimento	Amusement
Foresta	Forêt
Fuoco	Feu
Insetto	Insecte
Lago	Lac
Luna	Lune
Mappa	Carte
Montagna	Montagne
Natura	Nature
Tenda	Tente

Campionato
Championnat

Allenatore	Entraîneur
Campionato	Championnat
Campione	Champion
Finalista	Finaliste
Giochi	Jeux
Giudice	Juge
Lega	Ligue
Medaglia	Médaille
Motivazione	Motivation
Prestazione	Performance
Resistenza	Endurance
Sportivo	Sports
Squadra	Équipe
Strategia	Stratégie
Sudore	Transpiration
Torneo	Tournoi
Vittoria	Victoire

Casa
Maison

Attico	Grenier
Biblioteca	Bibliothèque
Camera	Chambre
Camino	Cheminée
Cucina	Cuisine
Doccia	Douche
Finestra	Fenêtre
Garage	Garage
Giardino	Jardin
Lampada	Lampe
Parete	Mur
Pavimento	Sol
Porta	Porte
Recinto	Clôture
Rubinetto	Robinet
Scopa	Balai
Soffitto	Plafond
Specchio	Miroir
Tappeto	Tapis
Tetto	Toit

Castelli
Châteaux

Armatura	Armure
Catapulta	Catapulte
Cavaliere	Chevalier
Cavallo	Cheval
Corona	Couronne
Dinastia	Dynastie
Drago	Dragon
Feudale	Féodal
Fortezza	Forteresse
Impero	Empire
Nobile	Noble
Palazzo	Palais
Parete	Mur
Principe	Prince
Principessa	Princesse
Regno	Royaume
Scudo	Bouclier
Spada	Épée
Torre	Tour
Unicorno	Licorne

Cibo #1
Nourriture #1

Aglio	Ail
Basilico	Basilic
Cannella	Cannelle
Carne	Viande
Carota	Carotte
Cipolla	Oignon
Fragola	Fraise
Insalata	Salade
Latte	Lait
Limone	Citron
Menta	Menthe
Orzo	Orge
Pera	Poire
Rapa	Navet
Sale	Sel
Spinaci	Épinard
Succo	Jus
Tonno	Thon
Torta	Gâteau
Zucchero	Sucre

Cibo #2
Nourriture #2

Banana	Banane
Broccolo	Brocoli
Ciliegia	Cerise
Cioccolato	Chocolat
Formaggio	Fromage
Fungo	Champignon
Grano	Blé
Kiwi	Kiwi
Mela	Pomme
Melanzana	Aubergine
Pane	Pain
Pesce	Poisson
Pollo	Poulet
Pomodoro	Tomate
Prosciutto	Jambon
Riso	Riz
Sedano	Céleri
Uovo	Oeuf
Uva	Raisin
Yogurt	Yaourt

Cioccolato
Chocolat

Amaro	Amer
Antiossidante	Antioxydant
Arachidi	Cacahuètes
Aroma	Arôme
Artigianale	Artisanal
Cacao	Cacao
Calorie	Calories
Caramella	Bonbon
Caramello	Caramel
Delizioso	Délicieux
Dolce	Doux
Esotico	Exotique
Gusto	Goût
Ingrediente	Ingrédient
Noce di Cocco	Noix de Coco
Polvere	Poudre
Preferito	Favori
Qualità	Qualité
Ricetta	Recette
Zucchero	Sucre

Circo
Cirque

Acrobata	Acrobate
Animali	Animaux
Biglietto	Billet
Caramella	Bonbon
Clown	Clown
Costume	Costume
Elefante	Éléphant
Giocoliere	Jongleur
Leone	Lion
Magia	Magie
Mago	Magicien
Musica	Musique
Palloncini	Ballons
Parata	Parade
Scimmia	Singe
Spettacolare	Spectaculaire
Spettatore	Spectateur
Tenda	Tente
Tigre	Tigre
Trucco	Astuce

Città
Ville

Aeroporto	Aéroport
Banca	Banque
Biblioteca	Bibliothèque
Cinema	Cinéma
Clinica	Clinique
Farmacia	Pharmacie
Fiorista	Fleuriste
Galleria	Galerie
Hotel	Hôtel
Libreria	Librairie
Mercato	Marché
Museo	Musée
Negozio	Magasin
Panetteria	Boulangerie
Scuola	École
Stadio	Stade
Supermercato	Supermarché
Teatro	Théâtre
Università	Université
Zoo	Zoo

Colori
Couleurs

Arancia	Orange
Azzurro	Azur
Beige	Beige
Bianco	Blanc
Blu	Bleu
Ciano	Cyan
Cremisi	Cramoisi
Fucsia	Fuchsia
Giallo	Jaune
Grigio	Gris
Indaco	Indigo
Magenta	Magenta
Marrone	Marron
Nero	Noir
Rosa	Rose
Rosso	Rouge
Seppia	Sépia
Verde	Vert
Viola	Violet

Compleanno
Anniversaire

Amici	Amis
Anno	Année
Calendario	Calendrier
Candele	Bougies
Canzone	Chanson
Carte	Cartes
Celebrazione	Fête
Divertimento	Amusement
Felice	Heureux
Gioioso	Joyeux
Giorno	Jour
Giovane	Jeune
Grande	Super
Inviti	Invitations
Nato	Né
Regalo	Cadeau
Saggezza	Sagesse
Speciale	Spécial
Tempo	Temps
Torta	Gâteau

Corpo Umano
Corps Humain

Bocca	Bouche
Caviglia	Cheville
Cervello	Cerveau
Collo	Cou
Cuore	Cœur
Dito	Doigt
Faccia	Visage
Gamba	Jambe
Ginocchio	Genou
Gomito	Coude
Mano	Main
Mento	Menton
Naso	Nez
Occhio	Oeil
Orecchio	Oreille
Pelle	Peau
Sangue	Sang
Spalla	Épaule
Stomaco	Estomac
Testa	Tête

Cucina
Cuisine

Bacchette	Baguettes
Bollitore	Bouilloire
Brocca	Cruche
Cibo	Nourriture
Ciotola	Bol
Coltelli	Couteaux
Congelatore	Congélateur
Cucchiai	Cuillères
Forchette	Fourchettes
Forno	Four
Frigorifero	Réfrigérateur
Grembiule	Tablier
Griglia	Gril
Mestolo	Louche
Ricetta	Recette
Spezie	Épices
Spugna	Éponge
Tazze	Tasses
Tovagliolo	Serviette
Vaso	Pot

Danza
Danse

Accademia	Académie
Arte	Art
Classico	Classique
Compagno	Partenaire
Coreografia	Chorégraphie
Corpo	Corps
Cultura	Culture
Culturale	Culturel
Emozione	Émotion
Espressivo	Expressif
Gioioso	Joyeux
Grazia	Grâce
Movimento	Mouvement
Musica	Musique
Postura	Posture
Prova	Répétition
Ritmo	Rythme
Salto	Saut
Tradizionale	Traditionnel
Visivo	Visuel

Dinosauri
Dinosaures

Ali	Ailes
Carnivoro	Carnivore
Coda	Queue
Enorme	Énorme
Erbivoro	Herbivore
Evoluzione	Évolution
Fossili	Fossiles
Grande	Grand
Mammut	Mammouth
Onnivoro	Omnivore
Potente	Puissant
Preda	Proie
Preistorico	Préhistorique
Rapace	Rapace
Rettile	Reptile
Scomparsa	Disparition
Specie	Espèce
Taglia	Taille
Terra	Terre
Vizioso	Vicieux

Discipline Scientifiche
Disciplines Scientifiques

Anatomia	Anatomie
Archeologia	Archéologie
Astronomia	Astronomie
Biochimica	Biochimie
Biologia	Biologie
Botanica	Botanique
Chimica	Chimie
Ecologia	Écologie
Fisiologia	Physiologie
Geologia	Géologie
Immunologia	Immunologie
Linguistica	Linguistique
Meccanica	Mécanique
Meteorologia	Météorologie
Mineralogia	Minéralogie
Neurologia	Neurologie
Nutrizione	Nutrition
Psicologia	Psychologie
Sociologia	Sociologie
Zoologia	Zoologie

Ecologia
Écologie

Clima	Climat
Comunità	Communautés
Diversità	Diversité
Fauna	Faune
Flora	Flore
Globale	Global
Habitat	Habitat
Marino	Marin
Natura	Nature
Naturale	Naturel
Palude	Marais
Piante	Plantes
Risorse	Ressources
Siccità	Sécheresse
Sopravvivenza	Survie
Sostenibile	Durable
Specie	Espèce
Varietà	Variété
Vegetazione	Végétation
Volontari	Bénévoles

Edifici
Bâtiments

Ambasciata	Ambassade
Appartamento	Appartement
Cabina	Cabine
Castello	Château
Cinema	Cinéma
Fabbrica	Usine
Fattoria	Ferme
Fienile	Grange
Hotel	Hôtel
Laboratorio	Laboratoire
Museo	Musée
Ospedale	Hôpital
Osservatorio	Observatoire
Scuola	École
Stadio	Stade
Supermercato	Supermarché
Teatro	Théâtre
Tenda	Tente
Torre	Tour
Università	Université

Emozioni
Émotions

Amore	Amour
Calma	Calme
Contenuto	Contenu
Eccitato	Excité
Gentilezza	Gentillesse
Gioia	Joie
Grato	Reconnaissant
Imbarazzato	Embarrassé
Noia	Ennui
Pace	Paix
Paura	Peur
Rabbia	Colère
Rilassato	Détendu
Rilievo	Relief
Simpatia	Sympathie
Soddisfatto	Satisfait
Sorpresa	Surprise
Tenerezza	Tendresse
Tranquillità	Tranquillité
Tristezza	Tristesse

Erboristeria
Herboristerie

Aglio	Ail
Aneto	Aneth
Aromatico	Aromatique
Basilico	Basilic
Culinario	Culinaire
Dragoncello	Estragon
Finocchio	Fenouil
Fiore	Fleur
Giardino	Jardin
Ingrediente	Ingrédient
Lavanda	Lavande
Maggiorana	Marjolaine
Menta	Menthe
Origano	Origan
Prezzemolo	Persil
Qualità	Qualité
Rosmarino	Romarin
Timo	Thym
Verde	Vert
Zafferano	Safran

Escursionismo
Randonnée

Acqua	Eau
Animali	Animaux
Campeggio	Camping
Clima	Climat
Guide	Guides
Mappa	Carte
Montagna	Montagne
Natura	Nature
Orientamento	Orientation
Parchi	Parcs
Pericoli	Dangers
Pesante	Lourd
Pietre	Pierres
Preparazione	Préparation
Scogliera	Falaise
Selvaggio	Sauvage
Sole	Soleil
Stanco	Fatigué
Stivali	Bottes
Vertice	Sommet

Esplorazione
Exploration

Animali	Animaux
Attività	Activité
Coraggio	Courage
Culture	Cultures
Determinazione	Détermination
Eccitazione	Excitation
Esaurimento	Épuisement
Lingua	Langue
Nuovo	Nouveau
Per Imparare	Apprendre
Pericoli	Dangers
Pericoloso	Périlleux
Ricerca	Quête
Sconosciuto	Inconnu
Scoperta	Découverte
Selvaggio	Sauvage
Spazio	Espace
Terreno	Terrain
Viaggio	Voyage

Estate
Été

Amici	Amis
Campeggio	Camping
Cibo	Nourriture
Famiglia	Famille
Giardino	Jardin
Giochi	Jeux
Gioia	Joie
Immersione	Plongée
Libri	Livres
Mare	Mer
Musica	Musique
Nuotare	Nager
Rilassamento	Relaxation
Sandali	Sandales
Spiaggia	Plage
Stelle	Étoiles
Tempo Libero	Loisir
Vacanza	Vacances
Viaggio	Voyage

Famiglia
Famille

Antenato	Ancêtre
Bambini	Enfants
Bambino	Enfant
Cugino	Cousin
Figlia	Fille
Fratello	Frère
Gemelli	Jumeaux
Infanzia	Enfance
Madre	Mère
Marito	Mari
Materno	Maternel
Moglie	Femme
Nipote	Neveu
Nonna	Grand-Mère
Nonno	Grand-Père
Padre	Père
Paterno	Paternel
Sorella	Soeur
Zia	Tante
Zio	Oncle

Fantascienza
Science-Fiction

Atomico	Atomique
Cinema	Cinéma
Distopia	Dystopie
Esplosione	Explosion
Estremo	Extrême
Fantastico	Fantastique
Fuoco	Feu
Futuristico	Futuriste
Galassia	Galaxie
Illusione	Illusion
Immaginario	Imaginaire
Libri	Livres
Misterioso	Mystérieux
Mondo	Monde
Oracolo	Oracle
Pianeta	Planète
Realistico	Réaliste
Robot	Robots
Tecnologia	Technologie
Utopia	Utopie

Fattoria #1
Ferme #1

Acqua	Eau
Agricoltura	Agriculture
Ape	Abeille
Asino	Âne
Campo	Champ
Cane	Chien
Capra	Chèvre
Cavallo	Cheval
Fertilizzante	Engrais
Fieno	Foin
Gatto	Chat
Gregge	Troupeau
Maiale	Cochon
Miele	Miel
Mucca	Vache
Pollo	Poulet
Recinto	Clôture
Riso	Riz
Semi	Graines
Vitello	Veau

Fattoria #2
Ferme #2

Agnello	Agneau
Agricoltore	Agriculteur
Alveare	Ruche
Anatra	Canard
Animali	Animaux
Cibo	Nourriture
Fienile	Grange
Frutta	Fruit
Frutteto	Verger
Grano	Blé
Irrigazione	Irrigation
Lama	Lama
Latte	Lait
Mais	Maïs
Oche	Oies
Orzo	Orge
Pastore	Berger
Pecora	Mouton
Prato	Pré
Trattore	Tracteur

Fiori
Fleurs

Gardenia	Gardénia
Gelsomino	Jasmin
Giglio	Lys
Girasole	Tournesol
Ibisco	Hibiscus
Lavanda	Lavande
Lilla	Lilas
Magnolia	Magnolia
Margherita	Marguerite
Mazzo	Bouquet
Narciso	Jonquille
Orchidea	Orchidée
Papavero	Pavot
Passiflora	Passiflore
Peonia	Pivoine
Petalo	Pétale
Plumeria	Plumeria
Rosa	Rose
Trifoglio	Trèfle
Tulipano	Tulipe

Foresta Pluviale
Forêt Tropicale

Anfibi	Amphibiens
Botanico	Botanique
Clima	Climat
Comunità	Communauté
Diversità	Diversité
Giungla	Jungle
Indigeno	Indigène
Insetti	Insectes
Mammiferi	Mammifères
Muschio	Mousse
Natura	Nature
Nuvole	Nuage
Preservazione	Préservation
Prezioso	Précieux
Restauro	Restauration
Rifugio	Refuge
Rispetto	Respect
Sopravvivenza	Survie
Specie	Espèce
Uccelli	Oiseaux

Forme
Formes

Angolo	Coin
Arco	Arc
Bordi	Bords
Cerchio	Cercle
Cilindro	Cylindre
Cono	Cône
Cubo	Cube
Curva	Courbe
Ellisse	Ellipse
Iperbole	Hyperbole
Lato	Côté
Linea	Ligne
Ovale	Ovale
Piramide	Pyramide
Poligono	Polygone
Prisma	Prisme
Quadrato	Carré
Rettangolo	Rectangle
Sfera	Sphère
Triangolo	Triangle

Forniture Artistiche
Fournitures d'Art

Acqua	Eau
Acquerelli	Aquarelles
Acrilico	Acrylique
Argilla	Argile
Carbone	Charbon
Carta	Papier
Cavalletto	Chevalet
Colla	Colle
Colori	Couleurs
Creatività	Créativité
Gomma	Gomme
Idee	Idées
Inchiostro	Encre
Matite	Crayons
Olio	Huile
Pastelli	Pastels
Sedia	Chaise
Spazzole	Brosses
Tavolo	Table
Telecamera	Caméra

Frutta
Fruit

Albicocca	Abricot
Ananas	Ananas
Arancia	Orange
Avocado	Avocat
Bacca	Baie
Banana	Banane
Ciliegia	Cerise
Kiwi	Kiwi
Lampone	Framboise
Limone	Citron
Mango	Mangue
Mela	Pomme
Melone	Melon
Mora	Mûre
Nettarina	Nectarine
Papaia	Papaye
Pera	Poire
Pesca	Pêche
Prugna	Prune
Uva	Raisin

Gatti
Chats

Affettuoso	Affectueux
Artiglio	Griffe
Cacciatore	Chasseur
Coda	Queue
Curioso	Curieux
Divertente	Drôle
Dormire	Dormir
Filo	Fil
Giocoso	Espiègle
Indipendente	Indépendant
Pazzo	Fou
Pelliccia	Fourrure
Personalità	Personnalité
Poco	Peu
Selvaggio	Sauvage
Timido	Timide
Topo	Souris
Veloce	Rapide
Zampa	Patte

Gentilezza
Gentillesse

Affettuoso	Affectueux
Affidabile	Fiable
Amichevole	Amical
Amorevole	Aimant
Attento	Attentif
Compassionevole	Compatissant
Comprensione	Compréhension
Dolce	Doux
Felice	Heureux
Generoso	Généreux
Genuino	Authentique
Onesto	Honnête
Ospitale	Hospitalier
Paziente	Patient
Ricettivo	Réceptif
Rispettoso	Respectueux
Tollerante	Tolérant
Utile	Utile

Geografia
Géographie

Altitudine	Altitude
Atlante	Atlas
Città	Ville
Continente	Continent
Emisfero	Hémisphère
Fiume	Fleuve
Isola	Île
Latitudine	Latitude
Longitudine	Longitude
Mappa	Carte
Mare	Mer
Meridiano	Méridien
Mondo	Monde
Montagna	Montagne
Nord	Nord
Ovest	Ouest
Paese	Pays
Regione	Région
Sud	Sud
Territorio	Territoire

Geologia
Géologie

Acido	Acide
Altopiano	Plateau
Calcio	Calcium
Caverna	Caverne
Continente	Continent
Corallo	Corail
Cristalli	Cristaux
Erosione	Érosion
Fossile	Fossile
Geyser	Geyser
Lava	Lave
Minerali	Minéraux
Pietra	Pierre
Quarzo	Quartz
Sale	Sel
Stalagmiti	Stalagmites
Stalattite	Stalactite
Strato	Couche
Vulcano	Volcan
Zona	Zone

Giardino
Jardin

Albero	Arbre
Amaca	Hamac
Cespuglio	Buisson
Erba	Herbe
Fiore	Fleur
Frutteto	Verger
Garage	Garage
Giardino	Jardin
Pala	Pelle
Panca	Banc
Portico	Porche
Prato	Pelouse
Rastrello	Râteau
Recinto	Clôture
Stagno	Étang
Suolo	Sol
Terrazza	Terrasse
Trampolino	Trampoline
Tubo	Tuyau
Vite	Vigne

Giocattoli
Jouets

Aereo	Avion
Aquilone	Cerf-Volant
Argilla	Argile
Artigianato	Artisanat
Auto	Voiture
Bambola	Poupée
Barca	Bateau
Batteria	Tambours
Bicicletta	Vélo
Camion	Camion
Giochi	Jeux
Immaginazione	Imagination
Libri	Livres
Palla	Balle
Preferito	Favori
Puzzle	Puzzle
Robot	Robot
Scacchi	Échecs
Treno	Train
Vernici	Peinture

Giorni e Mesi
Jours et Mois

Agosto	Août
Anno	Année
Aprile	Avril
Calendario	Calendrier
Dicembre	Décembre
Domenica	Dimanche
Febbraio	Février
Gennaio	Janvier
Giugno	Juin
Luglio	Juillet
Lunedì	Lundi
Martedì	Mardi
Mercoledì	Mercredi
Mese	Mois
Novembre	Novembre
Ottobre	Octobre
Sabato	Samedi
Settembre	Septembre
Settimana	Semaine
Venerdì	Vendredi

Guida
Conduite

Auto	Voiture
Autobus	Bus
Carburante	Carburant
Freni	Freins
Garage	Garage
Gas	Gaz
Incidente	Accident
Licenza	Licence
Mappa	Carte
Moto	Moto
Motore	Moteur
Pedonale	Piéton
Pericolo	Danger
Polizia	Police
Sicurezza	Sécurité
Strada	Route
Traffico	Trafic
Trasporto	Transport
Tunnel	Tunnel
Velocità	Vitesse

Imbarcazioni
Bateaux

Albero	Mât
Ancora	Ancre
Barca a Vela	Voilier
Boa	Bouée
Canoa	Canoë
Corda	Corde
Equipaggio	Équipage
Fiume	Fleuve
Kayak	Kayak
Lago	Lac
Mare	Mer
Marea	Marée
Marinaio	Marin
Motore	Moteur
Nautico	Nautique
Oceano	Océan
Onde	Vagues
Traghetto	Ferry
Yacht	Yacht
Zattera	Radeau

Insetti
Insectes

Afide	Puceron
Ape	Abeille
Calabrone	Frelon
Cavalletta	Sauterelle
Cicala	Cigale
Coccinella	Coccinelle
Coleottero	Scarabée
Farfalla	Papillon
Formica	Fourmi
Larva	Larve
Libellula	Libellule
Locusta	Criquet
Mantide	Mante
Moscerino	Moucheron
Pulce	Puce
Scarafaggio	Cafard
Termite	Termite
Verme	Ver
Vespa	Guêpe
Zanzara	Moustique

Letteratura
Littérature

Analisi	Analyse
Analogia	Analogie
Aneddoto	Anecdote
Autore	Auteur
Biografia	Biographie
Conclusione	Conclusion
Confronto	Comparaison
Descrizione	Description
Dialogo	Dialogue
Genere	Genre
Metafora	Métaphore
Opinione	Opinion
Poesia	Poème
Poetico	Poétique
Rima	Rime
Ritmo	Rythme
Romanzo	Roman
Stile	Style
Tema	Thème
Tragedia	Tragédie

Libri
Livres

Autore	Auteur
Avventura	Aventure
Collezione	Collection
Contesto	Contexte
Dualità	Dualité
Epico	Épique
Inventivo	Inventif
Letterario	Littéraire
Lettore	Lecteur
Narratore	Narrateur
Pagina	Page
Poesia	Poésie
Rilevante	Pertinent
Romanzo	Roman
Scritto	Écrit
Serie	Série
Storia	Histoire
Storico	Historique
Tragico	Tragique
Umoristico	Humoristique

Mammiferi
Mammifères

Balena	Baleine
Cane	Chien
Canguro	Kangourou
Cavallo	Cheval
Cervo	Cerf
Coniglio	Lapin
Coyote	Coyote
Delfino	Dauphin
Elefante	Éléphant
Gatto	Chat
Giraffa	Girafe
Gorilla	Gorille
Leone	Lion
Lupo	Loup
Orso	Ours
Pecora	Mouton
Scimmia	Singe
Toro	Taureau
Volpe	Renard
Zebra	Zèbre

Matematica
Mathématiques

Angoli	Angles
Aritmetica	Arithmétique
Circonferenza	Circonférence
Decimale	Décimal
Diametro	Diamètre
Divisione	Division
Equazione	Équation
Esponente	Exposant
Frazione	Fraction
Geometria	Géométrie
Parallelo	Parallèle
Perimetro	Périmètre
Poligono	Polygone
Quadrato	Carré
Raggio	Rayon
Rettangolo	Rectangle
Simmetria	Symétrie
Somma	Somme
Triangolo	Triangle
Volume	Volume

Meditazione
Méditation

Accettazione	Acceptation
Attenzione	Attention
Calma	Calme
Chiarezza	Clarté
Compassione	Compassion
Emozioni	Émotions
Gentilezza	Gentillesse
Gratitudine	Gratitude
Mentale	Mental
Mente	Esprit
Movimento	Mouvement
Musica	Musique
Natura	Nature
Osservazione	Observation
Pace	Paix
Pensieri	Pensées
Postura	Posture
Prospettiva	Perspective
Respirazione	Respiration
Silenzio	Silence

Meteo
Météo

Arcobaleno	Arc-En-Ciel
Asciutto	Sec
Atmosfera	Atmosphère
Brezza	Brise
Cielo	Ciel
Clima	Climat
Fulmine	Éclair
Ghiaccio	Glace
Monsone	Mousson
Nebbia	Brouillard
Nube	Nuage
Polare	Polaire
Siccità	Sécheresse
Temperatura	Température
Tempesta	Tempête
Tornado	Tornade
Tropicale	Tropical
Tuono	Tonnerre
Uragano	Ouragan
Vento	Vent

Misurazioni
Mesures

Altezza	Hauteur
Byte	Octet
Centimetro	Centimètre
Chilogrammo	Kilogramme
Chilometro	Kilomètre
Decimale	Décimal
Grado	Degré
Grammo	Gramme
Larghezza	Largeur
Litro	Litre
Lunghezza	Longueur
Metro	Mètre
Minuto	Minute
Oncia	Once
Peso	Poids
Pinta	Pinte
Pollice	Pouce
Profondità	Profondeur
Tonnellata	Tonne
Volume	Volume

Mitologia
Mythologie

Archetipo	Archétype
Comportamento	Comportement
Creatura	Créature
Creazione	Création
Cultura	Culture
Disastro	Catastrophe
Divinità	Divinités
Eroe	Héros
Forza	Force
Fulmine	Éclair
Gelosia	Jalousie
Guerriero	Guerrier
Immortalità	Immortalité
Labirinto	Labyrinthe
Leggenda	Légende
Magico	Magique
Mortale	Mortel
Mostro	Monstre
Tuono	Tonnerre
Vendetta	Vengeance

Mobili
Meubles

Amaca	Hamac
Armoire	Armoire
Cuscini	Coussins
Cuscino	Oreiller
Divano	Canapé
Futon	Futon
Lampada	Lampe
Letto	Lit
Libreria	Bibliothèque
Materasso	Matelas
Panca	Banc
Poltrona	Fauteuil
Scaffali	Étagères
Scrivania	Bureau
Sedia	Chaise
Specchio	Miroir
Tappeto	Tapis
Tende	Rideaux

Natura
Nature

Animali	Animaux
Api	Abeilles
Artico	Arctique
Bellezza	Beauté
Deserto	Désert
Dinamico	Dynamique
Erosione	Érosion
Fiume	Fleuve
Fogliame	Feuillage
Foresta	Forêt
Ghiacciaio	Glacier
Montagne	Montagnes
Nebbia	Brouillard
Nuvole	Nuage
Rifugio	Abri
Santuario	Sanctuaire
Selvaggio	Sauvage
Sereno	Serein
Tropicale	Tropical
Vitale	Vital

Numeri
Nombres

Cinque	Cinq
Decimale	Décimal
Diciannove	Dix-Neuf
Diciassette	Dix-Sept
Diciotto	Dix-Huit
Dieci	Dix
Dodici	Douze
Due	Deux
Nove	Neuf
Otto	Huit
Quattordici	Quatorze
Quattro	Quatre
Quindici	Quinze
Sedici	Seize
Sei	Six
Sette	Sept
Tre	Trois
Tredici	Treize
Venti	Vingt
Zero	Zéro

Nutrizione
Nutrition

Amaro	Amer
Appetito	Appétit
Bilanciato	Équilibré
Calorie	Calories
Carboidrati	Glucides
Commestibile	Comestible
Dieta	Diète
Digestione	Digestion
Fermentazione	Fermentation
Liquidi	Liquides
Nutriente	Nutritif
Peso	Poids
Proteine	Protéines
Qualità	Qualité
Salsa	Sauce
Salute	Santé
Sano	Sain
Spezie	Épices
Tossina	Toxine
Vitamina	Vitamine

Oceano
Océan

Anguilla	Anguille
Balena	Baleine
Barca	Bateau
Corallo	Corail
Delfino	Dauphin
Gamberetto	Crevette
Granchio	Crabe
Maree	Marées
Medusa	Méduse
Onde	Vagues
Ostrica	Huître
Pesce	Poisson
Polpo	Poulpe
Sale	Sel
Scogliera	Récif
Spugna	Éponge
Squalo	Requin
Tartaruga	Tortue
Tempesta	Tempête
Tonno	Thon

Paesaggi
Paysages

Cascata	Cascade
Collina	Colline
Deserto	Désert
Fiume	Fleuve
Geyser	Geyser
Ghiacciaio	Glacier
Grotta	Grotte
Iceberg	Iceberg
Isola	Île
Lago	Lac
Mare	Mer
Montagna	Montagne
Oasi	Oasis
Oceano	Océan
Palude	Marais
Penisola	Péninsule
Spiaggia	Plage
Tundra	Toundra
Valle	Vallée
Vulcano	Volcan

Paesi #2
Pays #2

Albania	Albanie
Danimarca	Danemark
Etiopia	Ethiopie
Giamaica	Jamaïque
Giappone	Japon
Grecia	Grèce
Haiti	Haïti
Indonesia	Indonésie
Irlanda	Irlande
Laos	Laos
Liberia	Libéria
Messico	Mexique
Nepal	Népal
Nigeria	Nigeria
Pakistan	Pakistan
Russia	Russie
Siria	Syrie
Sudan	Soudan
Ucraina	Ukraine
Uganda	Ouganda

Pesca
Pêche

Acqua	Eau
Attrezzatura	Équipement
Barca	Bateau
Branchie	Branchies
Cesto	Panier
Cucinare	Cuire
Esagerazione	Exagération
Esca	Appât
Filo	Fil
Fiume	Fleuve
Gancio	Crochet
Lago	Lac
Mascella	Mâchoire
Oceano	Océan
Pazienza	Patience
Peso	Poids
Spiaggia	Plage
Stagione	Saison

Piante
Plantes

Albero	Arbre
Bacca	Baie
Bambù	Bambou
Botanica	Botanique
Cactus	Cactus
Cespuglio	Buisson
Crescere	Grandir
Edera	Lierre
Erba	Herbe
Fagiolo	Haricot
Fertilizzante	Engrais
Fiore	Fleur
Flora	Flore
Fogliame	Feuillage
Foresta	Forêt
Giardino	Jardin
Muschio	Mousse
Petalo	Pétale
Radice	Racine
Vegetazione	Végétation

Pirati
Pirates

Ancora	Ancre
Avventura	Aventure
Bandiera	Drapeau
Bussola	Boussole
Capitano	Capitaine
Cattivo	Mauvais
Cicatrice	Cicatrice
Equipaggio	Équipage
Grotta	Grotte
Isola	Île
Leggenda	Légende
Mappa	Carte
Monete	Pièces
Oro	Or
Pappagallo	Perroquet
Pericolo	Danger
Rum	Rhum
Spada	Épée
Spiaggia	Plage
Tesoro	Trésor

Professioni #1
Professions #1

Allenatore	Entraîneur
Ambasciatore	Ambassadeur
Artista	Artiste
Astronomo	Astronome
Avvocato	Avocat
Ballerino	Danseur
Banchiere	Banquier
Cacciatore	Chasseur
Cartografo	Cartographe
Editore	Éditeur
Farmacista	Pharmacien
Geologo	Géologue
Gioielliere	Bijoutier
Idraulico	Plombier
Infermiera	Infirmière
Musicista	Musicien
Pianista	Pianiste
Psicologo	Psychologue
Scienziato	Scientifique
Veterinario	Vétérinaire

Professioni #2
Professions #2

Astronauta	Astronaute
Biologo	Biologiste
Chirurgo	Chirurgien
Dentista	Dentiste
Detective	Détective
Filosofo	Philosophe
Fotografo	Photographe
Giardiniere	Jardinier
Giornalista	Journaliste
Illustratore	Illustrateur
Ingegnere	Ingénieur
Insegnante	Enseignant
Inventore	Inventeur
Investigatore	Enquêteur
Linguista	Linguiste
Medico	Médecin
Pilota	Pilote
Pittore	Peintre
Ricercatore	Chercheur
Zoologo	Zoologiste

Riempire
Remplir

Bacino	Bassin
Barile	Baril
Borsa	Sac
Bottiglia	Bouteille
Busta	Enveloppe
Cartella	Dossier
Cartone	Carton
Cassa	Caisse
Cassetto	Tiroir
Cesto	Panier
Nave	Navire
Pacchetto	Paquet
Scatola	Boîte
Secchio	Seau
Tasca	Poche
Tubo	Tube
Valigia	Valise
Vasca	Baignoire
Vaso	Vase
Vassoio	Plateau

Ristorante #1
Restaurant #1

Allergia	Allergie
Caffè	Café
Cameriera	Serveuse
Carne	Viande
Cassiere	Caissier
Cibo	Nourriture
Ciotola	Bol
Coltello	Couteau
Cucina	Cuisine
Dessert	Dessert
Ingredienti	Ingrédients
Menù	Menu
Pane	Pain
Piatto	Assiette
Piccante	Épicé
Pollo	Poulet
Prenotazione	Réservation
Salsa	Sauce
Tovagliolo	Serviette

Ristorante #2
Restaurant #2

Acqua	Eau
Aperitivo	Apéritif
Bevanda	Boisson
Cameriere	Serveur
Cena	Dîner
Cucchiaio	Cuillère
Delizioso	Délicieux
Forchetta	Fourchette
Frutta	Fruit
Ghiaccio	Glace
Insalata	Salade
Minestra	Soupe
Pesce	Poisson
Pranzo	Déjeuner
Sale	Sel
Sedia	Chaise
Spezie	Épices
Torta	Gâteau
Uova	Oeuf
Verdure	Légumes

Scacchi
Échecs

Avversario	Adversaire
Bianco	Blanc
Campione	Champion
Concorso	Concours
Diagonale	Diagonal
Giocatore	Joueur
Gioco	Jeu
Intelligente	Intelligent
Nero	Noir
Passivo	Passif
Per Imparare	Apprendre
Punti	Points
Re	Roi
Regina	Reine
Regole	Règles
Sacrificio	Sacrifice
Sfide	Défis
Strategia	Stratégie
Tempo	Temps
Torneo	Tournoi

Scienza
Science

Atomo	Atome
Chimico	Chimique
Clima	Climat
Dati	Données
Esperimento	Expérience
Evoluzione	Évolution
Fatto	Fait
Fisica	Physique
Fossile	Fossile
Gravità	Gravité
Ipotesi	Hypothèse
Laboratorio	Laboratoire
Metodo	Méthode
Minerali	Minéraux
Molecole	Molécules
Natura	Nature
Organismo	Organisme
Osservazione	Observation
Particelle	Particules
Scienziato	Scientifique

Scuola #1
École #1

Alfabeto	Alphabet
Amici	Amis
Biblioteca	Bibliothèque
Carta	Papier
Cartelle	Dossiers
Divertimento	Amusement
Esami	Examens
Insegnante	Enseignant
Libri	Livres
Marcatori	Marqueurs
Matematica	Math
Matita	Crayon
Numeri	Nombres
Penne	Des Stylos
Pranzo	Déjeuner
Quiz	Quiz
Risposte	Réponses
Scrivania	Bureau
Scrivere	Écrire
Sedia	Chaise

Scuola #2
École #2

Accademico	Académique
Autobus	Bus
Biblioteca	Bibliothèque
Calendario	Calendrier
Carta	Papier
Computer	Ordinateur
Dizionario	Dictionnaire
Educazione	Éducation
Forbici	Ciseaux
Giochi	Jeux
Grammatica	Grammaire
Insegnante	Enseignant
Letteratura	Littérature
Lettura	Lecture
Libri	Livres
Matematica	Math
Matita	Crayon
Scarpe	Chaussures
Scienza	Science
Zaino	Sac à Dos

Spezie
Épices

Aglio	Ail
Amaro	Amer
Anice	Anis
Cannella	Cannelle
Cardamomo	Cardamome
Cipolla	Oignon
Coriandolo	Coriandre
Cumino	Cumin
Curcuma	Curcuma
Curry	Curry
Dolce	Doux
Finocchio	Fenouil
Liquirizia	Réglisse
Noce Moscata	Muscade
Paprika	Paprika
Pepe	Poivre
Sale	Sel
Vaniglia	Vanille
Zafferano	Safran
Zenzero	Gingembre

Spiaggia
Plage

Asciugamano	Serviette
Barca	Bateau
Barca a Vela	Voilier
Blu	Bleu
Costa	Côte
Dock	Dock
Granchio	Crabe
Isola	Île
Laguna	Lagune
Mare	Mer
Nuotare	Nager
Oceano	Océan
Ombrello	Parapluie
Sabbia	Sable
Sandali	Sandales
Scogliera	Récif
Sole	Soleil
Vacanza	Vacances

Sport
Sports

Allenatore	Entraîneur
Arbitro	Arbitre
Atleta	Athlète
Baseball	Base-Ball
Basket	Basket-Ball
Bicicletta	Vélo
Campionato	Championnat
Ginnastica	Gymnastique
Giocatore	Joueur
Gioco	Jeu
Golf	Golf
Hockey	Hockey
Movimento	Mouvement
Nuotare	Nager
Palestra	Gymnase
Squadra	Équipe
Stadio	Stade
Tennis	Tennis
Vincitore	Gagnant

Strumenti Musicali
Instruments de Musique

Armonica	Harmonica
Arpa	Harpe
Banjo	Banjo
Chitarra	Guitare
Clarinetto	Clarinette
Fagotto	Basson
Flauto	Flûte
Gong	Gong
Mandolino	Mandoline
Marimba	Marimba
Oboe	Hautbois
Percussione	Percussion
Pianoforte	Piano
Sassofono	Saxophone
Tamburello	Tambourin
Tamburo	Tambour
Tromba	Trompette
Trombone	Trombone
Violino	Violon
Violoncello	Violoncelle

Surf
Surf

Atleta	Athlète
Campione	Champion
Divertimento	Amusement
Estremo	Extrême
Folla	Foules
Forza	Force
Meteo	Météo
Nuotare	Nager
Oceano	Océan
Onda	Vague
Pagaia	Pagaie
Popolare	Populaire
Principiante	Débutant
Schiuma	Mousse
Scogliera	Récif
Spiaggia	Plage
Stile	Style
Stomaco	Estomac
Velocità	Vitesse

Tecnologia
Technologie

Blog	Blog
Browser	Navigateur
Byte	Octets
Computer	Ordinateur
Cursore	Curseur
Dati	Données
Digitale	Numérique
File	Fichier
Font	Police
Internet	Internet
Messaggio	Message
Ricerca	Recherche
Schermo	Écran
Sicurezza	Sécurité
Software	Logiciel
Statistiche	Statistiques
Telecamera	Caméra
Virtuale	Virtuel
Virus	Virus

Tempo
Temps

Anno	Année
Annuale	Annuel
Calendario	Calendrier
Decennio	Décennie
Dopo	Après
Futuro	Futur
Giorno	Jour
Ieri	Hier
Mattina	Matin
Mese	Mois
Mezzogiorno	Midi
Minuto	Minute
Notte	Nuit
Oggi	Aujourd'Hui
Ora	Heure
Orologio	Horloge
Presto	Bientôt
Prima	Avant
Secolo	Siècle
Settimana	Semaine

Tipi di Capelli
Types de Cheveux

Argento	Argent
Asciutto	Sec
Bianco	Blanc
Biondo	Blond
Breve	Court
Calvo	Chauve
Colorato	Coloré
Grigio	Gris
Intrecciato	Tressé
Liscio	Lisse
Lungo	Long
Marrone	Marron
Morbido	Doux
Nero	Noir
Riccio	Frisé
Riccioli	Boucles
Sano	Sain
Sottile	Mince
Spessore	Épais
Trecce	Tresses

Uccelli
Oiseaux

Airone	Héron
Anatra	Canard
Aquila	Aigle
Cicogna	Cigogne
Cigno	Cygne
Colomba	Colombe
Cuculo	Coucou
Fenicottero	Flamant
Gabbiano	Mouette
Oca	Oie
Pappagallo	Perroquet
Passero	Moineau
Pavone	Paon
Pellicano	Pélican
Piccione	Pigeon
Pinguino	Manchot
Pollo	Poulet
Struzzo	Autruche
Tucano	Toucan
Uovo	Oeuf

Vacanza #1
Vacances #1

Aereo	Avion
Andare	Aller
Auto	Voiture
Biglietto	Billet
Dogana	Douane
Itinerario	Itinéraire
Lago	Lac
Museo	Musée
Nuotare	Nager
Ombrello	Parapluie
Partenza	Départ
Rilassamento	Relaxation
Spedizione	Expédition
Tram	Tram
Turismo	Touriste
Valigia	Valise
Valuta	Devise
Zaino	Sac à Dos

Vacanze #2
Vacances #2

Aeroporto	Aéroport
Campeggio	Camping
Destinazione	Destination
Foto	Photos
Hotel	Hôtel
Isola	Île
Mappa	Carte
Mare	Mer
Passaporto	Passeport
Ristorante	Restaurant
Spiaggia	Plage
Straniero	Étranger
Taxi	Taxi
Tempo Libero	Loisir
Tenda	Tente
Trasporto	Transport
Treno	Train
Vacanza	Vacances
Viaggio	Voyage
Visto	Visa

Veicoli
Véhicules

Aereo	Avion
Ambulanza	Ambulance
Auto	Voiture
Autobus	Bus
Barca	Bateau
Bicicletta	Vélo
Camion	Camion
Caravan	Caravane
Elicottero	Hélicoptère
Metropolitana	Métro
Motore	Moteur
Pneumatici	Pneus
Razzo	Fusée
Scooter	Scooter
Sottomarino	Sous-Marin
Taxi	Taxi
Traghetto	Ferry
Trattore	Tracteur
Treno	Train
Zattera	Radeau

Verdure
Légumes

Aglio	Ail
Broccolo	Brocoli
Carciofo	Artichaut
Carota	Carotte
Cetriolo	Concombre
Cipolla	Oignon
Fungo	Champignon
Insalata	Salade
Melanzana	Aubergine
Patata	Patate
Pisello	Pois
Pomodoro	Tomate
Prezzemolo	Persil
Rapa	Navet
Ravanello	Radis
Scalogno	Échalote
Sedano	Céleri
Spinaci	Épinard
Zenzero	Gingembre
Zucca	Citrouille

Vestiti
Vêtements

Abito	Robe
Braccialetto	Bracelet
Camicetta	Chemisier
Camicia	Chemise
Cappello	Chapeau
Cappotto	Manteau
Cintura	Ceinture
Collana	Collier
Giacca	Veste
Gonna	Jupe
Grembiule	Tablier
Guanti	Gants
Jeans	Jeans
Maglione	Pull
Moda	Mode
Pantaloni	Pantalon
Pigiama	Pyjama
Sandali	Sandales
Scarpa	Chaussure
Sciarpa	Foulard

Virtù #1
Vertus #1

Affascinante	Charmant
Affidabile	Fiable
Appassionato	Passionné
Artistico	Artistique
Buono	Bon
Curioso	Curieux
Decisivo	Décisif
Divertente	Drôle
Efficiente	Efficace
Generoso	Généreux
Indipendente	Indépendant
Intelligente	Intelligent
Modesto	Modeste
Paziente	Patient
Pratico	Pratique
Pulito	Propre
Saggio	Sage
Utile	Utile

Congratulazioni

Ce l'hai fatta!

Speriamo che questo libro vi sia piaciuto tanto quanto a noi è piaciuto concepirlo. Ci sforziamo di creare libri della più alta qualità possibile.
Questa edizione è progettata per fornire un apprendimento intelligente, di qualità e divertente!

Le è piaciuto questo libro?

Una Semplice Richiesta

Questi libri esistono grazie alle recensioni che pubblicate.

Puoi aiutarci lasciando una recensione
ora a questo link ?

BestBooksActivity.com/Recensioni50

SFIDA FINALE!

Sfida n°1

Sei pronto per il tuo gioco gratuito? Li usiamo sempre, ma non sono così facili da trovare - ecco i **Sinonimi!**

Scrivi 5 parole che hai trovato nei puzzle (n° 21, n° 36, n° 76) e prova a trovare 2 sinonimi per ogni parola.

Scrivi 5 parole del **Puzzle 21**

Parole	Sinonimo 1	Sinonimo 2

Scrivi 5 parole del **Puzzle 36**

Parole	Sinonimo 1	Sinonimo 2

Scrivi 5 parole del **Puzzle 76**

Parole	Sinonimo 1	Sinonimo 2

Sfida n°2

Ora che ti sei riscaldato, scrivi 5 parole che hai trovato nei puzzle n° 9, n° 17 e n° 25 e cerca di trovare 2 contrari per ogni parola. Quanti ne puoi trovare in 20 minuti?

Scrivi 5 parole del **Puzzle 9**

Parole	Antonimo 1	Antonimo 2

Scrivi 5 parole del **Puzzle 17**

Parole	Antonimo 1	Antonimo 2

Scrivi 5 parole del **Puzzle 25**

Parole	Antonimo 1	Antonimo 2

Sfida n°3

Grande! Questa sfida non è niente per te!

Pronto per la sfida finale? Scegli 10 parole che hai scoperto nei diversi puzzle e scrivile qui sotto.

1.	6.
2.	7.
3.	8.
4.	9.
5.	10.

Ora scrivi un testo pensando a una persona, un animale o un luogo che ti piace.

Puoi usare l'ultima pagina di questo libro come bozza.

La tua composizione:

TACCUINO:

A PRESTO!

Tutta la Squadra